Richard Deiss

Kein Opernhaus in Oberhausen

Wissenswertes und Gesangloses zu 99 deutschen Opernspielstätten

Adresse des Autors:
Machnowerstr. 65
D-14165 Berlin
Richard.Deiss@gmail.com

Anregungen und Kommentare sind willkommen und werden in der nächsten Auflage ggf. berücksichtigt.

Herstellung und Verlag: BoD- Books on Demand, Norderstedt

Vierte Auflage 2020, Originalausgabe

© Richard Deiss, Berlin 2020

Printed in Germany

Der Inhalt dieses Buches entspricht der Privatmeinung des Autors.

ISBN 9783741252396

Bibliografische Information der Deutschen Nationalbibliothek

Die Deutsche Nationalbibliothek verzeichnet diese Publikation in der Deutschen Nationalbibliografie; detaillierte bibliografische Daten sind im Internet über http://dnb.d-nb.de abrufbar.

Inhalt

Vorwort 4

1. Berlin 7
2. Brandenburg 13
3. Mecklenburg-Vorpommern 15
4. Sachsen-Anhalt 23
5. Thüringen 29
6. Sachsen 38
7. Schleswig-Holstein 47
8. Hamburg 49
9. Bremen 54
10. Niedersachsen 57
11. Nordrhein-Westfalen 63
12. Hessen 78
13. Rheinland-Pfalz 85
14. Saarland 88
15. Baden-Württemberg 89
16. Bayern 100

Anhang   **112**

Literatur   **121**

Vorwort

Vor ein paar Jahren landete ich einmal unvermittelt in der Brüsseler Oper, weil ein Kollege zwei Operntickets hatte, diese aber nicht nutzen konnte. Dieser Opernbesuch war dann für meinen Bekannten der Anlass, mich darauf hinzuweisen, dass Deutschland eine weltweit einzigartige Opernlandschaft hätte, mit mehr Opernhäusern als jedes andere Land der Welt. Er empfahl mir als Einstiegslektüre Ralph Bollmanns `*Walküre in Detmold - eine Entdeckungsreise durch die deutsche Provinz*'. Erst im Frühjahr 2017 kam ich dazu, dieses Buch zu lesen. Obwohl ich weder Musik- noch Opernkenner bin, weckte es in mir die Lust, Opernhäuser zu besuchen. Im Sommer 2017 fing ich mit der Deutschen Oper in Berlin an. Vor der Sommerpause schaffte ich noch die Komische Oper in Berlin, die Deutsche Oper am Rhein in Duisburg und das Aalto-Musiktheater in Essen. Im Herbst kamen dann noch weitere Häuser im Ruhrgebiet hinzu. Anfang 2018 sollte sich die Sammelei noch beschleunigen und ich setzte mir das Ziel, bis Jahresende eine Zahl von insgesamt 50 besuchten Opernhäusern erreicht zu haben, davon 35 in Deutschland. Im April 2018 las ich schließlich Stefanie Sargnagels Buch `Statusmeldungen, welches eine Schilderung enthält, wie Sargnagel im Auftrag der „ZEIT" im September 2016 die Wagner-Festspiele in Bayreuth besucht. Dabei nimmt die Beschreibung des Frühstücks für treue ZEIT-Leser zu viel, die der Opernaufführung zu wenig Raum ein. Sargnagel berichtet, wie sich etliche ZEIT-Leser beschweren und mit der Kündigung des Abos drohten. Manche meinten, sie hätten selber so einen Opernartikel viel besser hingekriegt. Bollmanns Deutschland-Tour und Sargnagels ungenierter Dilettantismus ermutigten mich, als Opernlaie doch auch ein kleines Büchlein zu den

Opernhäusern zu publizieren, zumal ich mit fünf Bahnhofsbüchern schon Erfahrung mit leicht lesbaren kleinen Anekdoten- und Geschichtensammlungen hatte. Und während es viele Opernführer gibt, sind Bücher zu Opernhäusern doch wesentlich seltener.

Allerdings hat sich im Laufe der Bearbeitung der ursprünglich geplante Inhalt geändert. Zuerst sollten alle besuchten Opern abgedeckt werden, in Deutschland und anderen Ländern. Da ich aber mittlerweile alle deutschen Opernhäuser besucht hatte - im Februar 2019 war es in Passau mit dem 90. Haus so weit -, aber nur einen kleinen Teil der Opernhäuser in anderen europäischen Ländern, bot sich an, in diesem Büchlein nur Deutschland abzudecken. Auch wollte ich ursprünglich mehr zu meinen Reiseerfahrungen und direkten Opernerlebnissen schreiben. Über die Qualität der Aufführungen können andere besser schreiben, und besonders viel Aufregendes gibt es über meine Touren auch nicht zu schreiben, so dass sich das Buch letztlich mehr auf die Häuser selbst und interessante Fakten und Anekdoten drum herum bezieht.

Eine Begriffserklärung ist vorab nötig. Reine Opernhäuser sind eher selten. Meist sind es Mehrspartenhäuser mit Musik, Schauspiel und Tanz. Diese werden dann üblicherweise als Theater bezeichnet (Landes-, Staats, Stadttheater etc.). Mit eigenem Opernensemble gelten sie dennoch auch als Opernhäuser. Nicht-Operngänger mögen die Bezeichnungen Oper, Opernhaus oder Theater für das gleiche Gebäude manchmal verwirren.

Ich der vierten Auflage sind Berichte zu folgenden besuchten Spielstätten hinzugekommen (mit ❖ markiert), Papageno, Kammeroper Unitarierkirche (Frankfurt).

Für Korrekturhinweise möchte ich Jörg Berkes (Langen) danken.

Berlin, im Januar 2020
Richard Deiss

Deutsche Opernspielstätten nach Bundesländern

1. <u>Berlin</u>

Berlin vermarktete sich lange als einzige Stadt der Welt mit drei Opernhäusern. Dabei kann man auch in Prag und Wien und bei großzügiger Berechnung (inklusive Radebeul) sogar in Dresden 3 Opernhäuser finden.

Gleichzeitig ist Berlin arm an Unternehmenssitzen, vor allem was Global Players betrifft. Mit dem weichen Standortfaktor der drei Opernhäuser ist es bisher jedoch kaum gelungen, Unternehmensverlagerungen nach Berlin auszulösen, obwohl Vorstandsvorsitzende eine gewisse Opernaffinität aufweisen. Das liegt auch daran, dass Deutschland allgemein gut mit Opernhäusern ausgestattet ist. Polyzentrische Konkurrenzregionen wie das Rhein-Main-Gebiet oder der Rhein-Ruhr-Raum haben insgesamt sogar mehr Opernhäuser und selbst ein monozentrischer Raum wie München verfügt über mehrere Opernspielstätten.

Junge innovative Unternehmen haben zudem eher junge, wenig opernaffine Chefs. Was Start-ups betrifft, ist ein Techno-Club wie das Berghain für die Anziehungskraft Berlins viel wichtiger als die Opernhäuser. Deshalb halten mittlerweile sogar konservative Politiker eine schützende Hand über diesen Club. Das, trotz Aufholprozess, immer noch relativ wirtschaftsschwache Berlin ist, was die Opernhäuser betrifft, weiterhin auf Bundesmittel angewiesen.

Trotzdem kann man nicht davon ausgehen, dass Berlin zu viele Opernhäuser hätte. Mit einem Opernhaus pro 1.2 Millionen Einwohner liegt Berlin sogar unter dem Bundesdurchschnitt (1 Opernhaus pro 1 Million Einwohner). Westberlin mit einem Opernhaus pro 2 Millionen Einwohner lag lange Zeit sogar unter dem Bundesschnitt und sogar unter dem niedrigeren westdeutschen Schnitt (eines pro 1.2 Millionen Einwohner).

Deutsche Oper-die Klagemauer

Vor der Zusammenlegung mit Berlin im Jahr 1920 war Charlottenburg eine eigene, bevölkerungsreiche Stadt. Das Bürgertum Charlottenburgs, darunter auch der Komponist Engelbert Humperdinck, der die Spielstätten im Zentrum Berlins als unter einer Staubschicht begrabene Opernmuseen sah, initiierte den Bau eines großen neuen Opernhauses, welches 1912 eingeweiht, jedoch im 2. Weltkrieg zerstört wurde. Die 1961 an gleicher Stelle erbaute Deutsche Oper Berlin gilt nicht jedem als architektonisches Schmuckstück. Wenn man die Worte `Hässlichstes Opernhaus´ bei Google eintippt, erscheint oft die Deutsche Oper. Angeblich hat sie den doppeldeutigen Spitznamen *Sing-Sing*, ein Musiktheater als Gefängnis also. Von außen gibt die in die Jahre gekommene Schuhschachtelarchitektur wenig her. Die ungegliederte monolithische Fassade zur vielbefahrenen Bismarckstraße hat sogar die Funktion einer Lärmschutzwand. Der Berliner Volksmund nennt sie auch *Klagemauer*. Im Foyer geht es brutalistisch und wenig heimelig weiter. Gleichzeitig ist die Gestaltung ein beeindruckender Zeitzeuge des Stils der frühen 1960er Jahre. Verschiedene Kunstwerke aus dieser Epoche sind in der sehr großzügigen oberen Etage des Foyers zu finden. 1987, zum 100. Geburtstag des Schauspielers, Sängers und Intendanten der Berliner Oper Michael Bohnen (1887-1965), kam seine Portraitbüste hinzu.

Mit 1800 Sitzplätzen gehört die Deutsche Oper zu den größten Theatern Deutschlands. Ihre Stärke liegt vor allem in ihrem Chor. Bei der Kritikerumfrage der Opernwelt wurde er von 2007 bis 2010 dreimal zum Chor des Jahres gewählt.

Deutsche Oper- das bewegte Umfeld

Shakespeare sagte einst `*die ganze Welt ist eine Bühne´*.

1987 schenkte die City of London Berlin zur 750 Jahr-Feier eine Shakespeare-Büste. Diese wurde in der Parkanlage des Opernplatzes aufgestellt, der in Shakespeareplatz umbenannt wurde.

Direkt vor der Oper steht ein vom Wiener Bildhauer Alfred Hrdlicka (1928-2009) geschaffenes Relief `Der Tod des Demonstranten, welches an den Studenten Benno Ohnesorg erinnert, der am 2. Juni 1967 am Rande einer Demonstration gegen den Besuch des Schahs von Persien in der Nähe der Oper, in der am Gebäude vorbeiführenden Krummen Straße, von einem Polizisten erschossen wurde.

Am 8. Juli 2000 kam es in der U-Bahnstation Deutsche Oper zu einem verheerenden Brand durch einen einfahrenden U-Bahnzug, der Feuer gefangen hatte. Erst im Juni 2001 konnte der U-Bahnhof wieder vollständig in Betrieb genommen werden. Ein Jahr später, zum hundertsten Geburtstag der Berliner U-Bahn, schenkte der portugiesische Botschafter der Stadt vom Künstler José de Guimaraes gestaltete Fliesen. Er revanchierte sich dadurch für die Hilfe, die Berlin geleistet hatte, als im Jahr 1988 Teile der Lissabonner Altstadt in Flammen aufgingen. Die portugiesischen Fliesen im U-Bahnhof zeigen die Namen vieler Opernkomponisten: Beethoven, Berg, Berlioz, Donizetti, Humperdinck, Gounod, Hindemith, Janacek, Massenet, Messiaen, Meyerbeer, Mozart, Puccini, Rossini, Schönberg, Schreker, Smetana, Strauss, Strawinsky, Tschaikowsky. Zwei Komponisten sind in Mitteleuropa weniger bekannt: Joao de Sousa Carvelho und Marcus Portugal. Ihr Platz auf der Liste erklärt sich aber durch das Herkunftsland der gespendeten Kacheln.

Komische Oper

Architektonisch ist die unweit der Staatsoper Unter den Linden gelegene Komische Oper ein seltsames Mischwesen. Ein sehr schlichter, glatter, moderner Fassadenkubus (der durch die berühmten Wiener Opernarchitekten Fellner&Hellmer 1892 errichtete Theaterbau war im 2. Weltkrieg teilweise zerstört worden) und ein modernes Foyer bereiten einen nicht darauf vor, dass man innen auf einen prächtigen neobarocken Zuschauersaal stößt. Der ist allerdings schon wieder so sanierungsbedürftig, dass die Zuschauer mit einem Fangnetz vor herabfallenden Teilen geschützt werden müssen. Die Komische Oper hat heute den Ruf eines modernen, innovativen Musiktheaters. Eine Besonderheit ist, dass alle Opern in deutscher Sprache aufgeführt werden. In den Sitzen integrierte Displays zeigen jedoch die Übersetzung in 7 Sprachen, darunter auch Türkisch, denn seit 2011/12 besteht ein Projekt, besonders auch türkischsprachige Menschen für die Oper zu begeistern.

Von den Kritikern der Zeitschrift *Opernwelt* wurde die Komische Oper bereits zweimal zum *Opernhaus des Jahres* und ihr Chor zweimal zum *Chor des Jahres* gewählt.

Komische Architektur

☞ Vor der Komischen Oper sehe ich im Sommer 2017 den gleichen mobilen Brezelverkäufer wie Wochen zuvor vor der Deutschen Oper. Der Verkauf von Brezeln ist so operntypisch, dass diese auch *Kulturbrezeln* genannt werden. Eigentlich enthalten sie viel zu viel Salz. Als ich in Schwerin einen Opernbesucher auf den hohen Salzgehalt aufmerksam mache, isst der jedoch ungerührt weiter. Salz oder nicht, Brezeln gehören halt zum Retro-Charme der Oper.

Staatsoper Unter den Linden und Palladio

Wer die von Andrea Palladio entworfene, 1591 bei Vicenza erbaute Villa La Rotonda kennt, dem wird die Schauseite der 1741-1743 nach Plänen von Georg Wenzelslaus von Knobelsdorff im Stil des Palladianismus erbauten Staatsoper in Berlin bekannt vorkommen. Die sechs Säulen, die Giebelform, die drei Figuren auf dem Giebel, das alles findet sich auch bei Palladio. Damals war es das erste freistehende Opernhaus Deutschlands und gleichzeitig das größte Operngebäude Europas. Im August 1843 brannte das Opernhaus bis auf die Grundmauern ab, wurde aber sofort wiederaufgebaut. Im Zweiten Weltkrieg wurde das Opernhaus gleich zweimal beschädigt. Nach einem ersten Luftangriff im April 1941 befahl Hitler den Wiederaufbau, im Dezember 1942 folgte die Neueröffnung. Im Februar 1945 wurden bei einem zweiten Luftangriff das Bühnenhaus und Teile des Zuschauersaals zerstört, während der Portikus erhalten blieb. Nach dem Krieg gab es Pläne für einen Abriss, um an gleicher Stelle eine moderne Musikhochschule zu bauen. Der designierte Generalmusikdirektor Erich Kleiber verlangte jedoch, dass die Lindenoper las Oper wiederaufgebaut werden sollte. Schließlich schloss sich ihm DDR-Staatspräsident

Wilhelm Pieck an, ein Opernfan, und setzte einen Wiederaufbau nach alten Plänen durch. 1955 konnte schließlich die Wiedereröffnung gefeiert werden. Pieck hatte in der Oper eine Stammloge bekommen. Erstaunlicherweise wurde bei einer Sanierung Mitte der 1980er Jahre, also noch zu DDR-Zeiten, der Schriftzug `DEUTSCHE STAATSOPER´ durch den Schriftzug FRIDERICUS REX APOLLINI ET MUSIS ersetzt.

In Fassadennischen finden sich, man ist in Spree-Athen, die Standbilder folgender griechischer Dichter: Aischylos, Sophokles, Euripides, Menander.

Die Staatsoper und die Akustik

Von 2010-2017 wurde das Opernhaus nochmals saniert. Dabei wurden auch die Probleme mit der Akustik, so die zu geringe Raumresonanz, angegangen. Die Decke des Innenraumes wurde um 4 Meter angehoben, um die Nachhallzeit um eine halbe Sekunde auf 1,6 Sekunden zu erhöhen. Während sich die Kubatur außen nicht verändert hat, ist die Anhebung im Opernsaal durch neue Deckenstrukturen sichtbar. Im Dezember 2017 fand die Wiedereröffnung statt, eine Voreröffnung fand bereits am 3. Oktober, dem Tag der deutschen Einheit statt. Wie in Berlin üblich, dauerte die Sanierung länger als erwartet und die Kosten waren deutlich höher als geplant.

2. Brandenburg

Brandenburg ist, was die Opernhausdichte betrifft, eine Ausnahme in Ostdeutschland. Im Durchschnitt gibt es in den ostdeutschen Ländern 2 Opernhäuser pro 1 Million Einwohner, in Thüringen und Mecklenburg-Vorpommern sogar 3 bis 4 pro 1 Million Einwohnern. Brandenburg, mit einem Opernhaus und 2.5 Millionen Einwohnern, bleibt sogar unter der gesamtdeutschen Operndichte. Vielleicht liegt es daran, dass das mit 3 Opernhäusern ausgestattete Land Berlin geographisch mitten in Brandenburg liegt. Zudem gibt es in Brandenburg - anders als in Thüringen oder Mecklenburg-Vorpommern - keine Teilterritorien und Residenzen, die aus historischen Gründen berücksichtigt werden müssen. In Brandenburg wurden zudem nach dem Ende der DDR mehr Opernhäuser geschlossen als anderswo. Nicht nur Frankfurt an der Oder und Brandenburg verloren ihre Häuser, auch in Senftenberg gab es eine Oper. Lediglich das relativ weit von Berlin entfernte Cottbus ist als Opernstandort übriggeblieben. Mit 20 000 Besuchern in der Spielzeit 2016/17 liegt Brandenburg zudem an letzter Stelle der Bundesländer, was die Zahl der Opernbesucher betrifft, selbst das halb so große Saarland hat doppelt so viele Operngäste.

Cottbus

Cottbus hat eine Rarität aufzuweisen: Ein Opernhaus im spätsezessionistischen Jugendstil, welches den Krieg unbeschadet überstanden hat. Zur Jahrhundertwende drückte sich das Selbstbewusstsein dieser reichen Textilstadt in diesem Haus aus, heute das einzige Staatstheater in Brandenburg. Was die Architektur betrifft, ist umstritten, ob es sich überhaupt um Jugendstil handelt. Denn sein Architekt Bernhard Sehring war eigentlich kein

Jugendstil-Architekt, nahm aber verschiedene Einflüsse auf, darunter auch die des Jugendstils. Etliche Elemente passen aber auch wieder nicht dazu, zum Beispiel Putten auf den Balkonen. Während im Jugendstil florale Motive überwiegen, lässt Sehring eine ganze Tiermanegerie auf das Gebäude los. Löwenskulpturen an den Auffahrten und auf dem Dach, Reliefs mit Widderköpfen, von Panthern gezogene Streitwagen flankieren auf Säulen das Bühnenhaus. Auf dem Bühnenvorhang ist schließlich ein Krebs zu sehen - das Wappentier der Stadt Cottbus.

Während weite Teile der Stadt zerstört wurden, überstand das Theater den Krieg unversehrt. Dabei war es als Munitionslager benutzt worden und sollte gesprengt werden, die sowjetischen Truppen rückten an und die Zünddrähte waren schon gelegt. Der zuständige Volkssturmmann `vergaß´ jedoch, den Befehl auszuführen.

Bei einem Besuch im Februar 2018 fällt zwei Freunden und mir nicht nur die stilistisch interessante Anmutung des Hauses auf, das wir in Übereinstimmung zu den schönsten Opernhäusern Deutschlands rechnen, sondern auch die Tatsache, dass hier Besucher bürgerlicher erscheinen und festlicher gekleidet waren, als in manch anderem Haus. In dieser abgelegenen Ecke des Bundeslandes scheint man stolz zu sein, das einzige Opernhaus Brandenburgs zu haben und Vorstellungen entsprechend ernst zu nehmen.

3. Mecklenburg-Vorpommern

Mecklenburg-Vorpommern hat nur 1.6 Millionen Einwohner. Jedoch gibt es hier vier Orchester und sieben Opernspielstätten, also mehr als vier pro eine Million Einwohner, das Vierfache des Bundesdurchschnittes. Weil Mecklenburg-Vorpommern gleichzeitig ein wirtschaftsschwaches Bundesland und der Theater - und Opernbetrieb teuer und defizitär ist, die Mehrspartentheater und Orchester erhalten 36 Millionen Euro an Landesmitteln pro Jahr, ist die Theaterlandschaft permanentem Spardruck unterworfen. Es kam bereits zu mehreren Fusionen. 1994 wurden die Standorte Stralsund, Greifswald und Putbus zum *Theater Vorpommern* fusioniert. Im Jahr 2000 wurden Neustrelitz und Neubrandenburg zusammengelegt. Doch das reicht noch nicht, es gibt Pläne das Theater Vorpommern mit Neubrandenburg/Neustrelitz zu einem Theater Nordost zu fusionieren. Nach Protesten wurden diese Pläne erstmal auf Eis gelegt. In Rostock gab es aufgrund der Haushaltslage der Stadt schon Pläne, das Theater ganz zu schließen. Die Ministerpräsidentin Schwesig meinte dann jedoch `Schluss mit dem Theater um die Theater´. Am 12. Juni 2018 schlossen dann die Landesregierung, die kommunalen Träger der Mehrspartentheater und Orchester sowie die Intendanten einen Theaterpakt für die Jahre 2018 bis 2028.Der Gesamtzuschuss an die Mehrspartentheater soll ab 2019 jährlich um 2.5 % steigen. Das Mecklenburgische Staatstheater in Schwerin geht komplett in Landeshoheit über. Das Volkstheater in Rostock behält seine Eigenständigkeit. Die Theater und Orchester im östlichen Landesteil bleiben eigenständig, sollen aber enger kooperieren. Eine zufriedenstellende Vereinbarung für die Mehrspartentheater des Landes.

Schwerin

Bismarck soll angeblich gesagt haben, wenn die Welt untergeht, ginge er nach Mecklenburg, denn dort passiere alles 50 Jahre später. Für das Theater scheint das nicht zu gelten, denn der *Vater der deutschen Schauspielkunst* Conrad Ekhof (1720-1778) gründete bereits 1753 in Schwerin die erste deutsche Schauspielerakademie. Nachdem das alte in klassizistischem Stil gehaltene Schweriner Theater 1882 abbrannte, leistete man sich mit dem 1886 im Neorenaissancestil eröffneten Neubau einen der fortschrittlichsten Theaterbauten der Welt. Das elektrische Licht kam aus eigenem Elektrizitätswerk. Von 1919 bis 1933 diente das Staatstheater dann als erstes demokratisches Parlament Mecklenburgs.

Heute besitzt die weitgehend von Kriegszerstörungen verschont gebliebene Landeshauptstadt mit diesem Bau eines der schönsten deutschen Opernhäuser, gelegen an einem der ansprechendsten Stadtplätze Deutschlands, mit dem Blick auf Schloss und See. Auch ohne, dass die Welt untergeht, lohnt es sich also, nach Mecklenburg zu kommen.

Rostock und die sieben

Rostock ist die größte Stadt Mecklenburg-Vorpommerns, hat aber nur eine bescheidene Opernspielstätte mit abblätternder Fassade am rückwärtigen Eingang und einem Haupteingangsbereich, der 1977 eröffnet wurde und im damaligen bescheidenen funktionalen DDR-Stil gestaltet wurde. Das Eröffnungsjahr passte zu Rostock, denn die 7 gilt hier als magische Zahl der Stadt (Rostock hat sieben Buchstaben, sieben Kirchen, sieben Stadttore) Dieses angenehm unprätentiöse Volkstheater ist sehr gut mit Werken zeitgenössischer lokaler Künstler ausgestaltet. Eine wahre Volksoper also.

Zu DDR-Zeiten gehörte es, vor allem unter dem Intendanten Hanns Anselm Perten (1917-1985), zu den progressivsten Bühnen im Osten, wie zeitweise Bremen im Westen. Wegen der prekären finanziellen Situation der lange schrumpfenden Stadt Rostock, die das Theater finanziell hauptsächlich trägt, wurde jedoch um 2010 sogar eine Schließung erwogen. Mittlerweile hat man sich eine auf Schrumpfung der Bereiche Ballett und Theater geeinigt, während Musiktheater und Orchester, und damit der Opernbetrieb, erhalten bleiben sollen. Es gibt andererseits sogar Neubaupläne, deren Umsetzung jedoch noch keine konkreten Fortschritte macht. Spardruck und politische Unsicherheit über die Zukunft haben allerdings in den letzten Jahren dazu geführt, dass kein deutsches Theater einen so häufigen Intendantenwechsel sah wie Rostock.

Neubrandenburg - älter, als es scheint

Mit dem 1794 errichteten Schauspielhaus besitzt Neubrandenburg das älteste erhaltene Theatergebäude Mecklenburg-Vorpommerns. Dem einfachen, unverputzten Fachwerkbau, der den Brand der Altstadt im 2. Weltkrieg unversehrt überstanden hat, sieht man das nicht unbedingt an. Im Theatersaal sind nur wenige historische Elemente erhalten. Bühne, Bestuhlung, Wand- und Deckenbemalung, alles neugestaltet. Nur die weiße hölzerne Fürstenloge mit ihren Säulen erinnert an frühere Anmutung. Lange Zeit diente das Gebäude auch gar nicht als Theater. Bereits 1848 wurde das Hoftheater aufgelöst, 1870/71 diente das Gebäude als Lazarett, 1894 wurde es an Dr. Ludwig Mercker verkauft, der es in ein Sanatorium verwandelte. Nach dem Zweiten Weltkrieg diente das Gebäude unter anderem als Lazarett, Umsiedlerheim und Vulkanisieranstalt. In den 1970er und 1980er Jahren stand das Theater dann leer und verfiel. Nach der Wende wurde es quasi wiederentdeckt und bis 1994 saniert. Dabei wurden eine neue Bühne und neue Bestuhlung eingebaut. Ein neuer gläserner Verbindungsbau zum Nachbargebäude dient heute als Foyer. Im Jahr 2000 fusionierten die Theater von Neustrelitz und Neubrandenburg. Opern werden seither hauptsächlich in Neustrelitz aufgeführt.

Neustrelitz - jünger, als es scheint

Das 20 000 Einwohner zählende Neustrelitz gehört zu den kleinsten deutschen Opernhaus-Städten, was sich aus dem früheren Status als (kleiner) Residenzstadt erklärt.
Der berühmte Komponist Engelbert Humperdinck (*1854) starb hier im Jahre 1921 an einem Schlaganfall, als sein Sohn Wolfram am Hoftheater, welches bereits 1775 in einem 1755 erbauten Reithaus eingerichtet

wurde, Webers Freischütz inszenierte. 1924 brannte das Hoftheater ab.

Das in neoklassischer Architektur gehaltene Theater von Neustrelitz ist deshalb jünger, als es wirkt. Es wurde erst im Juni 1928 eröffnet und musste später zudem zu großen Teilen neu gebaut werden. Denn am Ende des Zweiten Weltkrieges wurde es zerstört, und zwar nicht durch Bomben, die sowjetische Armee hatte Neustrelitz bereits besetzt, sondern durch Brandstiftung.

Der 1954 wiederaufgebaute Opernsaal ist deshalb weniger von historischem Stil, als vom 1950er DDR-Wiederaufbaustil geprägt. Am Theatervorplatz steht eine Büste des Schriftstellers und kommunistischen Politikers Friedrich Wolf, nach dem das Theater zu DDR-Zeiten benannt war. Mit Humperdinck (in Siegburg geboren) hatte Wolf (in Neuwied geboren) die Herkunft aus dem Rheinland gemeinsam.

> Am Giebel des Theaters folgendes Schiller-Zitat:
> **DER MENSCHHEIT WUERDE**
> **IST IN EURE HAND GEGEBEN**
> **BEWAHRET SIE SIE SINKT MIT EUCH**
> **MIT EUCH WIRD SIE SICH HEBEN**

Greifswald- Initiator Voß

Greifswald hat die zweitälteste Universität im Ostseeraum (1456 gegründet) und das erklärt vielleicht auch, dass es hier, nicht weit von Stralsund, eine zweite vorpommersche Opernspielstätte gibt. Auch heute wird mit der Universität argumentiert, wenn es gilt, den Theaterstandort aufrecht zu erhalten, denn den Universitätsangestellten, insbesondere den Professoren, soll ja etwas geboten werden, damit sie sich für den Standort Greifswald entscheiden.

Ein wichtiger Initiator des Theaterstandorts Greifswald war der in Lüneburg geborene Emanuel Voß (1873-

1963). Nach einer Karriere als Tenor an verschiedenen Häusern, darunter der damaligen pommerschen Hauptstadt Stettin, gehörte er zu den Initiatoren des Neubaus von 1915 und unterstützte das Theater auch durch zahlreiche Geldspenden. Am Greifswalder Theater war er dann als Regisseur, Direktor und ab 1923 als Intendant tätig. Der aus Greifswald stammende Schriftsteller Wolfgang Koeppen (1906-1996) beschrieb ihn als `dick, klein, hat sehr kleine Füße´. 1936 von den Nazis in den Ruhestand geschickt, konnte er seine Intendantentätigkeit 1943 dennoch wiederaufnehmen und sogar in die DDR-Nachkriegszeit retten, bis er 1949 endgültig in Ruhestand ging. Greifswald und sein Theater blieben im Krieg unzerstört und so konnte bereits im Oktober 1945 der Opernbetrieb wiederaufgenommen werden.

Eine Besonderheit des Greifswalder Theaters sind heute die immer noch von Hand bedienten 27 Seilzüge.

Stralsund - Pfähle und Schwalbennester

Im Foyer des Stralsunder Theaters ist auf einer Tafel zu lesen, dass es am 2. Juni 1945 als erstes Theater Deutschlands nach dem Krieg wiedereröffnete. Stralsund und sein Theater waren im Krieg unzerstört geblieben. Aber es gibt noch weitere Besonderheiten. Der sumpfige Grund machte es nötig, 800 Pfähle in den Boden zu rammen, auf welchem das Fundament ruhen konnte. Die Pfähle verhindern auch, dass der Orchestergraben weiter abgesenkt werden kann. Nur im Stralsunder Theater gibt es zudem die *Schwalbennester* genannten runden Logenausbuchtungen im ersten Rang. Zu DDR-Zeiten, als man den Zuschauersaal nach dem Vorbild der Leipziger Oper gestaltete, verschwunden, wurden sie während der 2008 abgeschlossenen Sanierung wieder angebracht.

Bei der Wiedereröffnung im Februar 2008 wurde, wie zur Eröffnung im Weltkriegsjahr 1916, Beethovens Fidelio gespielt. Anwesend war auch Bundeskanzlerin Angela Merkel, zu deren Wahlkreis Stralsund gehört. Allerdings eilte sie bereits in der Pause zurück nach Berlin.

Putbus- die kleinste Opernstadt

Die von Fürst Wilhelm Malte I. 1810 gegründete und planmäßig angelegte Stadt Putbus auf Rügen hat nur 4700 Einwohner. Bereits 1820 wurde ein Residenztheater eröffnet, in welchem auch heute noch, als Teil des Theaters Vorpommerns (zu welchem noch Stralsund und Greifswald gehören), Opern aufgeführt werden. Somit ist Putbus heute die kleinste Stadt in Deutschland (und womöglich weltweit) mit einem Opernhaus. Nach von Karl Friedrich Schinkel beeinflussten Plänen in klassizistischem Stil erbaut und zur Schlossseite mit Säulen ausgestattet, besitzt Putbus eines der schönsten Theatergebäude Deutschlands: Es beeindruckt auch innen mit instand gesetzter historischer Gestaltung und durch viel Holz und gute Akustik.

Die neuen schmiedeeisernen Gitter an der Front der Ränge gibt es in dieser Form in keinem anderen deutschen Opernhaus. Zu DDR-Zeiten, als man noch nicht mit Stralsund und Greifswald fusioniert hatte und mehr Opern aufgeführt wurden als heute, reichte die Stadtbevölkerung nicht, das Opernhaus zu füllen. Zuschauer wurden deshalb mit Bussen aus ganz Rügen angekarrt. Die Busfahrer waren sich ihrer Wichtigkeit bewusst und konnten sich manchen Scherz leisten. So bockten sie einmal das Auto des Intendanten auf. Als dieser nach der Opernaufführung den Motor starten wollte, drehten sich die Räder nur, und er wusste gar nicht, wie ihm geschah.

4. Sachsen-Anhalt

Sachsen-Anhalt ist mit 5 Opernspielstätten auf 2.2 Millionen Einwohner für ostdeutsche Verhältnisse durchschnittlich mit Opernhäusern ausgestattet. Während das Theater der Landeshauptstadt Magdeburg und das Opernhaus der Händelstadt Halle als gesichert gelten können, müssen sich das Nordharzer Städtebundtheater (Quedlinburg und Halberstadt) und das Anhaltinische Theater von Dessau Sorgen um ihr langfristiges Überleben machen. Ein Theatervertrag wie ihn Mecklenburg-Vorpommern mit seinen sieben Spielstätten 2018 abschloss, ist auch den sachsen-anhaltinischen Bühnen zu wünschen.

Magdeburg und die zweifache Zerstörung

Die Stadt Magdeburg wurde gleich zweimal stark zerstört, und dem Opernhaus der Stadt widerfuhr Ähnliches. Im Mai 1631, während des Dreißigjährigen Krieges wurde die Stadt durch kaiserliche Truppen unter Tilly total verwüstet, was danach den Begriff *Magdeburgisierung* prägte. Im Januar 1945 zerstörte dann ein Luftangriff auf Magdeburg 90% der Altstadt.
Dabei wurde auch das Opernhaus der Stadt zerstört. Im Dezember 1950 erfolgte die Wiedereröffnung als Maxim-Gorki-Theater. Am Nachmittag des 20. Mai 1990 war bis zur Autobahn A2 eine Feuersbrunst zu sehen. Das Magedburger Opernhaus brannte, ein Großteil des Bühnenraumes wurde zerstört. Ein weiteres traumatisches Ereignis für die Kulturstadt Magdeburg. 120 Millionen DM und sieben Jahre Arbeit waren nötig, bis das Opernhaus am 4. Oktober 1997 wiedereröffnet werden konnte.

> Am Giebel der Fassade ist folgendes Goethe-Zitat zu lesen:
> FREUDIG TRETE HEREIN
> UND
> FROH ENTFERNE DICH WIEDER
>
> Dabei handelt es sich um eine Übersetzung durch Goethe eines lateinischen Spruches an einem Haus, welches Goethe kurzzeitig bewohnt hatte.

Halle (Saale)

Die Stadt Halle kam weitaus glimpflicher durch den Zweiten Weltkrieg als Magdeburg und erlitt, anders als die Landeshauptstadt, keine Flächenbombardements. Wichtige Gebäude gingen dennoch damals verloren, wie die Ratswaage und das Alte Rathaus. Auch das Stadttheater wurde weitgehend zerstört. Bis 1951 baute man es vereinfacht wieder auf. Auf die einst das Stadtbild prägende riesige Kuppel über dem Bühnenhaus verzichtete man aber. Seit 1992 als Opernhaus Halle bezeichnet, werden hier nur noch Opern aufgeführt. Bei den verschiedenen Sanierungsrunden nach der Wende tastete man sich wieder an das ursprüngliche Erscheinungsbild heran. Mittlerweile zeigen die Schaufassade an der Südseite und die Ostfassade wieder ihr ursprüngliches Aussehen. Die Ironie dieser architektonischen Bewegung in die Vergangenheit: bei der Eröffnung im Jahr 1886 galt das Theater als eines der technisch modernsten in Europa. Und noch in zweiter Hinsicht ist man hier der Geschichte verpflichtet: Der Barockkomponist Georg Friedrich Händel (1685-1759) wurde in Halle geboren und jährlich werden hier Neuproduktionen von Händel-Opern aufgeführt.

Dessau

Weniger glimpflich als Halle und ähnlich hart wie Magdeburg traf es im 2. Weltkrieg die Flugzeugstadt Dessau. Wie in Magdeburg wurde das Theater der Stadt gleich zweimal zerstört. Am 25. Dezember 1913 gab man die mit vielen Bränden in Zusammenhang stehende Unglücksoper „Hoffmanns Erzählungen", als ein Brand entstand, der jedoch eingedämmt werden konnte. Neun Jahre später, am 25. Dezember 1922, brach während der Proben wieder ein Brand aus. Diesmal wurde das Theater völlig eingeäschert und die bekannte Kammersängerin Lily Herking (Mutter der Schauspielerin Ursula Herking) starb in den Flammen. Wegen der Wirtschaftskrise verzögerte sich der Neubau und dieser fiel dann in die Zeit des Nationalsozialismus und einer entsprechenden Gigantomanie. 1938 wurde in Anwesenheit von Adolf Hitler und Joseph Goebbels der mit 1250 Sitzplätzen damals größte Theaterbau nördlich der Alpen eingeweiht. Im Mai 1944 wurde er, wie große Teile der Stadt, fast vollständig zerstört, jedoch bis 1949 wiederaufgebaut. Mit 1100 Sitzplätzen wirkt er für die nur 82 000 Einwohner zählende schrumpfende Stadt Dessau-Roßlau überdimensioniert. Dass es schwierig ist, die Plätze einigermaßen zu füllen, fiel mir und zwei weiteren Opernfreunden im Februar 2018 auf. Die Zuschauer verloren sich ein bisschen in den großzügigen Rängen, obwohl die Oper so früh angesetzt war, dass eine An- und Abreise per Bahn möglich war. Die Entfernungen nach Magdeburg und Halle nicht besonders groß, aber dort gibt es ebenfalls Opernhäuser. Ein Grund für den Erhalt scheint die Notwendigkeit, den historischen Landesteil Anhalt den sowohl das Bundesland als auch das Theater im Namen trägt, opernhausmäßig abzudecken. Die Rote Liste Kultur des deutschen Kulturrates sieht es dennoch als konkret gefährdet an (Gefährdungskategorie 2).

Halberstadt

Halberstadt gehört zu den Städten Sachsen-Anhalts, die im Zweiten Weltkrieg stark zerstört wurden. Dabei ging auch Halberstadts eklektizistisches Theatergebäude verloren. Schon 1947 begann man jedoch, aus Trümmerteilen eine neue Bühne zu errichten. Die unverputzten Backsteinwände erinnern durch kreative Elemente wie Vorsprünge und Staffelungen an Backsteinexpressionismus der Vorkriegszeit. Die Kassenhalle ziert eine Mädchen-Statue, die aus den Trümmern gerettet werden konnte. Von außen wirkt das Gebäude jedoch ein wenig inkohärent. Während eine Seite die Anmutung eines unverputzten Plattenbaues hat, wirkt die der Innenstadt zugewandte Seite wie ein vereinfachter Fachwerkbau. Während man an die glorreichen Vorkriegszeiten anknüpfte, als das Halberstädter Theater durch Wagner-Aufführungen deutschlandweit bekannt war und Schauspieler wie Theo Lingen und Gustav Gründgens in Diensten hatte, schlägt es sich heute, mit Quedlinburg zum Nordharzer Städtebundtheater fusioniert, doch wacker und findet sich trotz durchaus vorhandenem Spardruck, anders als Dessau, noch nicht auf einer Roten Liste.

Quedlinburg

Mit Quedlinburg gibt es in Sachsen-Anhalt einen Theaterstandort, der im Krieg unzerstört blieb. Heute ist die gut erhaltene Fachwerkstadt Quedlinburg sogar auf der Liste des UNESCO-Weltkulturerbes. Ein bedeutendes Opernhaus gab es in dieser Kleinstadt (24 000 Einwohner) jedoch nie. Hier gibt es mit dem Marschlinger Hof ein 1886 eingeweihtes Gründerzeitgebäude, welches gleichzeitig als Gasthaus und Theater betrieben wurde.

Engagiertes Bürgertum hat hier in der Nachwendezeit eine Wiederinbetriebnahme eines immer mehr verfallenden Großen Hauses durchgesetzt. Von außen macht das Gebäude dennoch wenig her. Keine repräsentative Schaufassade, keine Säulen, keine Statuen. Man betritt es durch einen bescheidenen Eingang, wie ein Provinzkino. Durch die kurzen Wege und die Übersichtlichkeit fühlt man sich andererseits auch gut aufgehoben, so wie in der behaglichen Fachwerkstadt insgesamt.

Bad Lauchstädt

Bad Lauchstädt hat mit dem 1802 eröffneten Goethe-Theater das einzige original erhaltene Theatergebäude der Goethezeit. Zu Recht trägt es den Namen des Dichters, denn Goethe selbst trug ein Sechstel der Bausumme bei. Goethe, damals Direktor des Weimarer Hoftheaters, machte sogar präzise Vorgaben für die Innenausstattung und die Bühnengestaltung. Als ich im Sommer 2018 eine Aufführung besuchte, wirkt das Gebäude wegen Renovierungsarbeiten wie eine Baustelle. Die Fassade ist eingerüstet, innen zeigen sich teilweise unverputzte Wände. Obwohl das Theater 1908 elektrifiziert wurde, sorgen hier immer noch Argandsche Öllampen für Beleuchtung. Bad Lauchstädt ist mit 9000 Einwohnern jedoch zu klein für ein eigenes Theaterensemble. Bespielt wird das Theater vom Ensemble des

Opernhauses Halle, Opernaufführungen werden hier nur im Sommer gegeben.

Zu Goethes Zeit wurde der Spielplan auch auf die Studenten der 17 km entfernten Stadt Halle ausgerichtet. Aufführungen wurden so früh angesetzt, dass diese den drei Stunden Fußmarsch zurück nach Halle am selben Abend bewältigen konnten. Damals waren Opern- und Theaterfreunde also 6 Stunden zwischen Halle und Bad Lauchstädt zu Fuß unterwegs. Bei meinem Besuch fiel mir die große Zahl im Kassenraum geparkter Rollatoren auf. Ob es die heutigen Besucher zu Fuß bis Halle schaffen würden?

5. Thüringen

Mit 8 Häusern auf 2 Millionen Einwohner ist Thüringen, zusammen mit Mecklenburg-Vorpommern das am besten mit Opernhäusern ausgestattete ostdeutsche Bundesland. In der Gesamtzahl steht das Land nach Nordrhein-Westfalen, Sachsen und Bayern an vierter Stelle. Die hohe Operndichte erklärt sich aus der Geschichte des Bundeslandes. Dieses war einst in viele kleine Residenzen gegliedert und jede größere Residenzstadt leistete sich ein eigenes Opernhaus. Am Weimarer Theater war zudem Goethe tätig und das strahlte in nahe gelegene Städte aus. So war Goethe auch Direktor am Theater Rudolstadt. Heute zwingt Mittelknappheit kleinere Häuser zur Zusammenarbeit mit anderen Spielstätten. Altenburg und Gera wurden so zusammengelegt, Nordhausen kooperiert eng mit Rudolstadt. Das Theater Eisenach konzentriert sich mittlerweile auf Ballett. Erfurt als Landeshauptstadt und größte Stadt des Landes, zudem mit einem Neubau ausgestattet, steht wohl auf der sicheren Seite. Als Klassikerhauptstadt, wo Goethe Theaterdirektor war und Schiller dichtete, scheint Weimar über alle Zweifel erhaben zu sein. In der kleinen und peripher gelegenen Stadt Meiningen rettet die große Tradition wohl ebenfalls den Standort.

Weimar

Das visuell Beeindruckendste am nicht besonders auffälligen neoklassizistischen, 1908 erbauten Deutschen Nationaltheater in Weimar ist das Goethe-Schiller-Denkmal des Dresdner Bildhauers Ernst Rietschel auf dem Platz davor. Im Jahr 1919 (Weimarer Republik) tagte die Deutsche Nationalversammlung im Theater. Im Krieg diente das Theater teilweise als Rüstungsfabrik, weshalb die Alliierten es bei einem Luftangriff im

Februar 1945 in Schutt und Asche legten. Angesichts der kulturellen Bedeutung Weimars war es das erste Theater, welches nach dem Krieg wiederaufgebaut wurde. Es wurde bereits 1948 mit Goethes `Faust´ neu eröffnet. Zum 200. Geburtstags Goethes im August 1949 hielt Thomas Mann hier eine Ansprache.
Während das Foyer von einem unharmonischen Stilmix geprägt ist, zeigt sich der Opernsaal in interessanter DDR-Moderne mit holzverkleideten Wänden und in kühner Steilheit aufsteigenden Rängen.

Meiningen - Theater mit einer Stadt

Meiningen (21 000 Einwohner) sei eigentlich keine Stadt mit einem Theater, sondern ein Theater mit einer Stadt, so heißt es (Eisenbahner sagen übrigens `Ausbesserungswerk mit Stadt´). Meiningen war Residenzstadt von Meiningen-Sachsen und sein Herzog Georg II sehr theaterinteressiert. Nach seinem Regierungsantritt 1866 übernahm er sogar die künstlerische Leitung, löste allerdings auch das Opernensemble auf, um sich auf das Schauspiel zu konzentrieren. Mit seiner Frau Helene und dem Schauspieler Chronegk stellte Georg im Laufe der Zeit die wegweisenden *Meininger Prinzipien* mit ihren 12 Punkten auf, die heute noch Teil der Lehrpläne der deutschen Schauspielschulen sind. Durch die Reformen hin zum Regietheater machte Georg Meiningen zu einem führenden Haus in Deutschland und Europa, dessen Ensemble zahlreiche Gastspiele gab. Nachdem das Theater 1908 abbrannte, konnte bereits 1909 ein imposanter neoklassizistischer Neubau eröffnet werden, der mit seiner Säulenfront jeder Großstadt Ehre machen würde (ein Freund, dem ich ein Foto schickte, vermutete das Gebäude in London).
Im Krieg kaum beschädigt, nahm es bereits am 2. Juni 1945, und damit (mit Stralsund) als eines der ersten

Theater Deutschlands den Betrieb wieder auf. In der DDR-Zeit machte sich das Theater durch Erstaufführungen einen Namen. In der Nachwendezeit gewann es durch mutige Inszenierungen bundesweites Profil. Obwohl ein hoher Zuschussbedarf von über 15 Millionen Euro im Jahr besteht (etwa 100 Euro pro Zuschauer), gilt der traditionsreiche Theater und Opernstandort Meiningen als nicht gefährdet.

Inschrift im Frontgiebel:

Georg II
Dem Volke
Zur Freude und Erhebung

Nordhausen

Mit dem Bau des Theaters von Nordhausen wurde 1913, und damit kurz vor dem Ersten Weltkrieg, begonnen. Eingeweiht wurde es dann im September 1917, also mitten im Krieg. Im 2. Weltkrieg wurde es, wie weite Teile der Stadt Nordhausen, die wegen ihrer Waffenfabriken kriegsrelevant war, zerbombt. Jedoch war bereits 1949 der Wiederaufbau abgeschlossen. Heute zeigt es sich mit klassischer Säulenfront als eines der repräsentativsten Gebäude der von unansehnlichen DDR-Wohnbauten geprägten Stadt. Verschiedene Sparrunden der Thüringer Landesregierung lassen das Theater, anders als das Meininger, immer wieder ums Überleben kämpfen.

Nordhausen- Liebeserklärung zum 100. Geburtstag

Zum 100. Geburtstag des Theaters Nordhausen im Jahr 2017 wurde ein anekdotenreiches Jubiläumsbuch publiziert. Zwei der vielen Anekdoten sollen hier wiedergegeben werden:

Zum 20. Jahrestag der DDR sollte 1969 in Nordhausen die Brecht/Weill-Oper „Aufstieg und Fall der Stadt Mahagonny" aufgeführt werden. Darin kommt eine Szene vor, in welcher mit vollen Händen Dollarnoten auf die Bühne geworfen werden. Dem Theater gelang es, eine 50-Dollar-Note zu imitieren, die dem Original im Aussehen nahekam. Jedoch waren Texte und Details unleserlich gehalten und auf der Rückseite war ein Druckgenehmigungsvermerk des Bezirksrates. Einem unbekannt gebliebenen Zuschauer gelang es jedoch, eine in den Zuschauerraum gefallene Dollarattrappe im Erfurter Intershop als Zahlungsmittel zu verwenden. Von nun an durfte das Theater Nordhausen die Bühnendollars nicht mehr verwenden, neue Noten wurden mit dem deutlichen Aufdruck versehen, dass dies kein Zahlungsmittel sei.

In der DDR galt Nordhausen als ein bisschen abgelegen. In der Spielzeit 1981/82 war der Erfurter Sänger Jürgen Wald für die Titelrolle engagiert worden und im Spätherbst zu einer Vorstellung unterwegs. Es war so neblig geworden, dass er mit seinem Auto nur im Schritttempo vorankam und das Theater von Nordhausen erst wenige Minuten vor dem regulären Vorstellungsbeginn erreichte. Er musste schnell ins Kostüm springen und ersetzte die peloponnesische Stadt Elis in seinem Auftaktslied mit den Worten: „Sei gegrüßt teures Nordhausen, meiner langen Reise Ziel".

Erfurt

Erfurt wurde im Krieg kaum zerstört und präsentiert sich heute als eine der am besten erhaltenen größeren Städte Deutschlands. Auch das Theatergebäude blieb vom Krieg verschont. Wegen baulicher Mängel wurde es dennoch 1997 geschlossen. Am Brühl wurde schließlich im Jahr 2003 einer der wenigen Theaterneubauten Deutschlands nach der Jahrtausendwende eröffnet. Die Architektur des Neubaus ist von zurückhaltend eleganter Funktionalität gekennzeichnet. Bundesweit macht es allerdings wenig auf sich aufmerksam. Zu Erfurt fallen einem, was Opernaufführungen betrifft, eher die Domfestspiele ein.

Theater Erfurt

Eisenach

Das westthüringische Eisenach ist Lutherstadt (Wartburg), aber auch Geburtsstadt des Komponisten Johann Sebastian Bach. Überregional weniger bekannt ist, dass Eisenach auch ein Opernhaus besitzt. Gestiftet wurde es einst vom ortsansässigen Industriellen Julius von Eichel-Streiber und im Jahr 1879 eröffnet. In den 1920er Jahren trat hier Eduard von Winterstein auf, nach ihm ist das Theater von Annaberg-Buchholz benannt. Das Theater überstand den Zweiten Weltkrieg unbeschädigt. Doch seit der Jahrtausendwende wird immer wieder eine Schließung oder Fusion mit anderen Theatern diskutiert. Im Jahre 2008 wurden Opernaufführungen aufgegeben, was bundesweite Proteste auslöste. Dagegen wurde das Ballett ausgebaut. Die Zukunft des Eisenacher Theaters ist dennoch weiterhin unsicher.

Eisenach

Gera

Das Geraer Theater wurde 1902 vom in Thüringen geborenen Theaterarchitekten Heinrich Seeling im Jugendstil erbaut. Es gehörte damals zu den fortschrittlichsten seiner Zeit, unter anderem, weil es Theater und Konzertsaal in einem Gebäude vereinte. Nachdem Büsten von Wagner und Beethoven im Foyer in den Nachkriegswirren verloren gingen, zeigen heute an deren Stelle Portrait-Fotos den Architekten Seeling und den Bauherrn Erbprinz Heinrich XXVII.

Obwohl es im Laufe der Jahre einige Widrigkeiten durchstehen musste, zählt das Haus immer noch zu den schönsten Theaterbauten Deutschlands. Im Zweiten Weltkrieg wurde das Kulissenhaus zerstört, 1963 wurde bei einem Brand das Bühnenhaus beschädigt und 2013 setzte eine Hochwasserkatastrophe der Bühnentechnik im Keller des Theaters zu. Die schönen Proszeniumslogen und Teile der Deckenbemalung fielen jedoch keiner Katastrophe, sondern schlicht einer Modernisierung zum Opfer. Modern ist immerhin auch der Spielplan.

Im Oktober 2018 wurde der Preis der Deutschen Theaterverlage für die Gestaltung innovativer Spielpläne und die besondere Förderung des zeitgenössischen Schaffens an die Theater&Philharmonie Thüringen Gera/Altenburg vergeben. Die Spielplanpolitik des aus Berlin stammenden Intendanten Kay Kuntze, der die Häuser Gera und Altenburg seit 2010 leitet und der der zunehmenden Verengung des Repertoires auf vermeintlich publikumswirksame Stücke entgegenarbeitet, was sich dennoch in wachsenden Zuschauerzahlen niederschlägt, wurde dabei insbesondere gewürdigt.

Altenburg

Die relativ kleine ehemalige Residenzstadt Altenburg (nur 32 000 Einwohner) weist eines der größten und schönsten deutschen Theatergebäude auf. Der vom Semper-Schüler Otto Brückewald 1871 errichtete Neorenaissance-Bau weist drei Ränge und 500 Plätze auf. Wer die Pracht bald noch erleben will, sollte sich beeilen, denn eine Sanierung steht an und Sanierungen, das lehrt die Erfahrung, dauern meist länger als geplant. Ein Bekannter von mir, pensionierter Lehre und in Sachsen geboren, erzählte mir, wie er zu DDR-Zeiten als Schüler mit einem Dampflokzug von Meuselwitz nach Altenburg fuhr und dort für wenig Geld in einem vorderen Rangplatz Opernaufführungen genießen konnte.

Rudolstadt

Im September 1788 kam es in Rudolstadt, wo Friedrich Schiller den Sommer im Haus von Louise Lengenfeld verbracht und seine Freundschaft zu deren Töchtern Caroline und Charlotte vertieft hatte, zur ersten Begegnung zwischen Schiller und Goethe.

Fünf Jahre später, im 26. Juli 1793, wurde in Rudolstadt in einem Brettergebäude auf dem Anger ein Komödienhaus eröffnet. Ab 1794 hieß der Intendant sogar Goethe und bis 1803 blieb er Theaterchef in Rudolstadt. Im selben Jahr sprach Schiller im Gedicht `An die Freude´ von *den Brettern, die die Welt bedeuten,* meinte aber damit das Theater an sich und nicht unbedingt die Theater-Bretterbude Rudolstadts.

1848 stoppte Fürst Friedrich Günter einen Theaterneubau, weil sich seine Untertanen aus seiner Sicht schlecht benommen hatten. Und so musste man sich noch ein Weilchen mit dem als `Bratwurstbude´ verspotteten Bau begnügen. Nach verschiedenen Umbauten wurde 1983 der historische Fachwerkbau abgerissen und durch einen nüchternen Neubau ersetzt. Zehn Jahre später wurde dieser ebenfalls wieder in Frage gestellt. Denn als der 200. Geburtstag im Jahr 1993 anstand, meinte ein zugereister bayerischer Finanzbeamter `*Das Theater wird in 10 Jahren weg sein! Geht goar net. A winzige Stadt und a riesiges Ensemble - weg damit!*´

Dies wird im Programmheft der Spielzeit 2018/19 zitiert, als man 225 Jahre Theater Rudolstadt mit einem kleinen geschichtlichen Rückblick feierte.

Um das Überleben des Theaters in der 25 000-Einwohner zählenden Mittelstadt zu sichern, kooperiert man heute eng mit dem ebenfalls kleinen Nordhausen und tauscht Produktionen aus.

6. Sachsen

Sachsen ist nach NRW das Bundesland mit den meisten Opernhäusern. Hier gibt es zehn Opernhäuser, bei nur 4 Millionen Einwohnern, also 2.5 Häuser pro 1 Million Einwohner, mehr als das Doppelte des Bundesdurchschnitts. Allgemein ist Sachsen das Bundesland mit der dichtesten Theater- und Orchesterlandschaft Deutschlands. Allein 10 Theater sind älter als 100 Jahre und die Opern von Leipzig und Dresden sogar über 300 Jahre alt.
Früher hieß es, *in Chemnitz wird das Geld verdient, in Leipzig vermehrt und in Dresden ausgegeben.* Wenn man an den Subventionsbedarf von Opernhäusern denkt, ist da was dran. Denn unter Hinzurechnung des Vorortes Radebeul hat Dresden mit der Semperoper, der Staatsoperette (im Kraftwerk Mitte) und dem Landestheater in Radebeul drei Opernspielstätten. Nur die Weltstädte Berlin, Wien und Prag können hier mithalten. Natürlich haben auch Leipzig und Chemnitz, Sachsen sieht sich als Bundesland der klassischen Musik, Opernhäuser. Aber sogar das Erzgebirge ist mit zwei Spielstätten in den relativ kleinen Orten Annaberg-Buchholz und Freiberg, gut ausgestattet. Dazu kommen noch Zwickau und Plauen in Westsachsen sowie Görlitz an der Ostgrenze Sachsens. Der Komponist Robert Schumann wurde in Zwickau geboren, Richard Wagner und Clara Schumann in Leipzig. In Sachsen wirkten zudem Bach, Mendelssohn-Bartholdy und von Weber. In Leipzig machte lange Zeit der Dirigent Kurt Masur auf sich aufmerksam, in Dresden die Tenöre Peter Schreier und Theo Adam. Die Gegend um Markneukirchen, ein wichtiger Musikinstrumenten-Cluster, vermarktet sich als *Musicon Valley*. Im sächsischen Carlsfeld wurde das für den Tango wichtige Bandoneon erfunden. Heute gibt es in Sachsen zudem 3 Musikhochschulen (zwei in Dresden, eine in Leipzig).

Plauen - in vielem Spitze

Die ehemalige Textilstadt und Vogtlandkapitale Plauen scheint in vielen Dingen schneller zu sein als andere Städte. Es war in Plauen und nicht in Leipzig oder Ost-Berlin, wo im Oktober 1989 mit der ersten Großdemonstration die friedliche Revolution in der DDR begann. Obwohl das Theater Plauens außen zu 40% und innen zu 80-90% zerstört war, legte der sowjetische Kommandant den Beginn des Theaterbetriebes auf den 15. Oktober 1945 fest. Und obwohl Baubeginn erst im August 1945 war, gelang es den tüchtigen Plauener mit einer unheimlichen Kraftanstrengung tatsächlich, das Theater an diesem Termin zu eröffnen, Plauen ist also nicht nur wegen seiner Textiltradition Spitze.

Freiberg - ältestes Stadttheater der Welt

Freiberg hat das älteste Stadttheater der Welt, genauer gesagt die älteste im angestammten Gebäude verbliebene städtische Theater-Einrichtung. Bereits 1790 wurde es eröffnet. Hier wurde zudem am 24. November 1800 die erste Oper von Carl Maria von Weber, der damals für kurze Zeit in Freiberg lebte, aufgeführt. Eine Gedenktafel am Theater weist darauf hin. Im Krieg blieb Freiberg unzerstört und das Theater war eines der ersten, welches nach dem Krieg wiedereröffnete. In den 1950er Jahren wurde die sozialistische Losung `Die Kunst gehört dem Volke´ am Giebel angebracht. Während das Foyer das Ambiente der frühen DDR-Jahre ausstrahlt, gehört der durch die kleinen Dimensionen relativ intime neoklassizistische Zuschauerraum zu den schönsten der kleineren Theater Deutschlands.

Görlitz- die kleine Semper-Oper

Das 1851 erbaute Theater von Görlitz verfügt über eine so opulente Innenausstattung, dass es vom Volksmund auch *kleine Semper-Oper* genannt wird. Nach Herunternahme des Lüsters und Übermalungen in der DDR-Zeit brachte eine im Jahr 2002 abgeschlossene Restaurierung des Zuschauersaals die alte Pracht wieder zur Geltung. Gleichzeitig war der Opernbetrieb in Dresden durch das Elbhochwasser beeinträchtigt. Findige Busunternehmen nutzen das Label *Kleine Semper-Oper,* um ihre Fahrgäste gleich nach Görlitz, statt nach Dresden in die Oper zu karren.

> An der Decke des Zuschauersaals 5 Schriftsteller/Librettisten: Goethe, Schiller, Lessing, Shakespeare, (Roderich) Benedix und fünf Komponisten: Mozart, Weber, Beethoven, Meyerbeer, Gluck.
> Ein Komponist aus dem Mutterland der Oper, Italien, ist jedoch nicht dabei.

Zwickau und Inge Meysel

`In Zwickau, am Arsch der Welt´ war einmal die Antwort der auch als `Mutter der Nation´ bezeichneten Schauspielerin Inge Meysel (1910-2004), als sie gefragt wurde, an welchem Ort sie ihren ersten Bühnenauftritt hatte. Der fand 1930 im 1525 errichteten historischen Gewandhaus Zwickaus statt, seit 1823 Theaterspielstätte und später auch Opernspielstätte. Das Gebäude, das den 2. Weltkrieg wie weite Teile der Stadt unbeschadet überstanden hatte, wird zurzeit saniert und hätte eigentlich schon 2017, vor Beginn der 900-Jahr-Feier Zwickaus, eröffnet werden sollen. Wie oft bei Großprojekten zieht sich die Eröffnung hin. Mittlerweile wird von Oktober 2020 gesprochen. Opernaufführungen finden bis dahin im bescheidenen Malsaal in einem Plattenbau statt.

Annaberg-Buchholz und Winterstein

Eduard von Winterstein, 1871 in Wien geboren und 1961 in Berlin gestorben, war ein bedeutender deutscher Theaterschauspieler, der mehr als 70 Jahre auf der Bühne stand. Nach Gera war Annaberg seine zweite Station. Dort spielte er zur Eröffnung des Theaters im Jahr 1893 die Titelrolle im Egmont. In seiner Autobiographie schrieb er (laut Wikipedia): `Ich war in Annaberg wie neu geboren, war ein ganz anderer Mensch geworden. In diesem kleinen Städtchen war ich erst wirklich zum Schauspieler geworden. […] So wurde die Annaberger Zeit eine der schönsten in meinem Beruf´. Kein Wunder, dass das Theater von Annaberg-Buchholz heute den Namen *Eduard von Winterstein-Theater* trägt.

Radebeul und Kötzschenbroda

Die Stadt Radebeul hat einige Besonderheiten aufzuweisen. Hier lebte und starb Karl May, hier findet sich der einzige Rolls-Royce-Händler Ostdeutschlands. Auch bahnhofsmäßig gibt es besondere Geschichten. Der Bahnhof in Radebeul Kötzschenbroda wurde 1947 durch die Schlagerzeilen *Verzeih'n Sie, mein Herr, fährt dieser Zug nach Kötzschenbroda* (zur Melodie von Glen Millers Chattanooga Choo Choo) in ganz Deutschland bekannt. Im Bahnhof Radebeul-West gab es bis vor wenige Jahren das mit 9 Plätzen kleinste Kino der Welt. Auf den Bahnsteigen des Bahnhofs Radebeul-Weintraube steht auf dem Stationsschild zusätzlich „Landesbühnen", denn das Stammhaus in Radebeul ist von dieser Station zu Fuß zu erreichen. Dieses sitzt in den Räumen des ehemaligen Gasthofs „Goldene Weintraube", von dem sich auch der Bahnhofsname ableitet. Architektonisch macht das Landesbühnengebäude wenig her. Der Zuschauersaal ist modern-funktional. Das Einzige, was im Stammhaus von Deutschlands zweitgrößtem Reisetheater auffällt, ist im Foyer die Büste Bertolt Brechts, geschaffen vom bedeutenden Bildhauer Fritz Cremer (1906-1993).

Chemnitz, das `sächsische Bayreuth´

Das Opernhaus von Chemnitz wurde 1909 eingeweiht, im Zweiten Weltkrieg zerstört. 1988 begann eine umfangreiche Restaurierung, die 1992 abgeschlossen wurde. Wenn man das Opernhaus heute betritt, fallen die Türgriffe in Form eines C auf. Man fragt sich, ob das ein Restauratorenstreich der Vorwendezeit war, oder ob das C erst nach 1990 an die Türen kam. 1953 wurde die wegen ihrer Textilindustrie einst auch *sächsisches Manchester* genannte Stadt anlässlich des 70. Todestages von Marx und wegen ihrer Arbeitertradition in Karl-

Marx-Stadt umbenannt. Erst im Juni 1990 folgte die Rückbenennung in Chemnitz. Unter Rolf Stiska, der von 1992-2007 Intendant war, hatte die Oper wegen zahlreicher Wagner-Aufführungen, einschließlich des Rings, auch den Beinamen `Sächsisches Bayreuth´. Hier passen die beiden spiegelbildlichen C an den Eingangstüren. Zusammen bilden sie ebenfalls fast einen Ring.

Leipzig - Wagner und Körner

Leipzig ist eine der wichtigsten deutschen Musikstädte. Hier wirkten unter anderem Johann Sebastian Bach, Felix Mendelssohn-Bartholdy, Gustav Mahler sowie Clara und Robert Schumann. Das Gewandhausorchester und der Thomanerchor sind weltberühmt. Als Opernstadt hat Leipzig eine lange Tradition. Hier wurde bereits 1693 das nach Venedig und Hamburg dritte bürgerliche Opernhaus Europas eröffnet. Nachdem das Leipziger Opernhaus im Krieg zerstört wurde, wurde 1960 ein Neubau in eleganter Spät-1950er Jahre-Manier eröffnet, der zu den bedeutendsten Zeitzeugen dieses Stils und zu den bedeutendsten Theaterneubauten zählt.

Beim Besuch sollte man das Lampendesign beachten. Von der Garderobenhalle zum Rangfoyer ähneln die Lampen erst Blumenknospen, dann großen Dolden einer Pusteblume, dann davonfliegenden Samenschirmchen. An den Treppengeländern finden sich schließlich Samenkapseln.

Zum Auftakt im Sommer 1960 wurden Wagner-Opern aufgeführt. Diese Wahl kam nicht von ungefähr, denn Richard Wagner wurde in Leipzig geboren. Im Park hinter der Oper findet sich deshalb auch eine Wagner-Büste. Ebenfalls auf der Nordseite der Oper, an einer Treppenanlage, findet sich folgende Gedenktafel: an dieser Stelle - dem früheren Schneckenberg - weilte Theodor Körner am 24. im Ostermond 1813 und schrieb sein berühmtes Lied „das ist Lützows wilde verwegene Jagd". Im August desselben Jahres starb Körner im Forst Rosenow bei Lützow.

Dresden-Semperoper

Die Dresdner Semperoper ist vermutlich das berühmteste Operngebäude Deutschlands. Benannt ist sie nach ihrem Erbauer, dem Hamburger Architekten Gottfried Semper (1803-1879). Interessanterweise ist das heutige Opernhaus in gewisser Weise bereits der dritte Semperbau an dieser Stelle. Den ersten Bau errichtete Semper 1838-1841, ein Rundbau, der etwas näher am Schloss lag als der heutige Bau. Das Gebäude wurde 1869 durch einen Brand völlig zerstört. Da Semper wegen seiner Beteiligung an den Maiaufständen im Jahr 1849 sächsischen Boden nicht betreten durfte, musste er aus der Ferne ein zweites Gebäude entwerfen, welches dann unter der Leitung seines ältesten Sohnes Manfred Semper bis 1878 erbaut wurde. Am Ende des Zweiten Weltkrieges wurde die Dresdner Innenstadt bei einem Luftangriff völlig zerstört. Auch die Semperoper erlitt schwere Schäden. Im Juni 1977 begann man mit dem Wiederaufbau. Dieser wurde im Februar 1985, zum 40. Jahrestag der Bombardierung Dresdens, abgeschlossen. Aufgeführt wurde Carl Maria von Webers Freischütz, mit dem die Oper 1944 geschlossen hatte.

Heute gehört die Semperoper, die oft von Reisebüros gebucht wird, zu den Opernhäusern mit den meisten Besuchern (etwa 300 000 pro Jahr), der höchsten Auslastung (über 90%), den höchsten Einnahmen (17 Millionen pro Jahr) und der höchsten Kostendeckung (40%) in Deutschland.

☞ Die in Radeberg bei Dresden sitzende Radeberger Exportbierbrauerei, heute Teil des Oetker-Konzerns, setzt in ihrer Werbung so sehr auf die Dresdner Semper-Oper als regionales Identifikationssymbol, dass die Sachsen die Oper augenzwinkernd *Radeberger Brauerei* nennen.

Dresden Staatsoperette

Dresden ist eine der wenigen Städte, die, rechnet man die Vororte ein, über drei Opernhäuser verfügen. Neben der Semperoper und den Landesbühnen in Radebeul gibt es noch die Staatsoperette. Diese nutzte einst verschiedene historische Gebäude, einschließlich der Semperoper, als Spielstätte. Nach der völligen Zerstörung der Innenstadt am Ende des Zweiten Weltkriegs musste sie in Ausweichspielstätten in der Vorstadt Leuben ausweichen. Als hier eine teure Sanierung anstand, entschied man sich für einen innenstadtnaheren Neubau. In einem ehemaligen Kraftwerk am Rande der Innenstadt fand man das passende Umfeld und baute dieses bis Dezember 2016 zu einer neuen Spielstätte um, die heute ihren eigenen Industriecharme ausstrahlt.

7. Schleswig-Holstein

Schleswig-Holstein ist mit drei Opernhäusern (1.2 Häuser pro 1 Million Einwohnern) für westdeutsche Verhältnisse relativ gut mit Opernspielstätten ausgestattet. Vom Flensburger Ensemble werden zudem viele kleinere Häuser im Land bespielt. Von den verschiedenen Opernstandorten des Landes gilt nur Flensburg als nicht gesichert, weshalb es vom Deutschen Kulturrat 2014 auf die Rote Liste gesetzt wurde. Andererseits bedient Flensburg den schleswigschen Landesteil und Regionalproporz ist in der Kulturpolitik oft wichtig. Kiel als Landeshauptstadt, und Lübeck als historisch bedeutsame Stadt, mit dem Komponisten Dietrich Buxtehude (1637-1707) um 1700 sogar eine wichtige Musikstadt, müssen sich über ihre Opernzukunft dagegen weniger Sorgen machen.

Flensburg

Flensburg gilt eigentlich zu Unrecht als Deutschlands nördlichste Stadt, denn das wenig entfernte Glücksburg liegt noch ein bisschen nördlicher. Zumindest ist Flensburg die Stadt mit dem nördlichsten Opernhaus Deutschlands. Denn Flensburg ist Sitz des Musiktheaters und des Orchesters des Schleswig-Holsteinischen Landestheaters (mit Spielstätten in Flensburg, Rendsburg und Schleswig). So nördlich, dass man hier ziemliche Südsehnsucht hat. Das Theater wurde 1894 im Stil der italienischen Renaissance gebaut. Der Abriss des Vorgängerbaues hatte mit dem verheerenden Brand des Wiener Ringstraßentheaters im Jahr 1881 zu tun. Alle deutschen Theater wurden deshalb nach Brandschutzgesichtspunkten geprüft und der Holz-Stein- (nicht Holstein) Bau hielt dieser Prüfung nicht stand. Heute muss das Theater finanziellen Prüfungen standhalten, was nicht immer einfach ist. Wurden 1974 schon die Theater von

Flensburg, Schleswig und Rendsburg fusioniert, reicht die dadurch erzielten Einsparung 40 Jahre später nicht mehr. Im März/April 2014 wurde das Schleswig-Holsteinische Landestheater vom Deutschen Kulturrat auf die Liste der bedrohten Kulturgüter mit dem Status `*gefährdet*´ gesetzt.

Kiel

Kurz vor dem Besuch des Kieler Opernhauses im November 2018 kaufte ich mir das Buch `Kiel-Geschichten und Anekdoten´ des Autors Karl-Heinz Groth, denn die Umschlagrückseite versprach eine Anekdote zu einem Kieler Opernintendanten. Doch beim Lesen der Geschichte stellte sich dann heraus, dass es sich um gar keine richtige Anekdote, sondern eine erfundene Geschichte handelte. Dabei ging es um einen Opernintendanten, der unbedingt zeigen will, dass Kiel mit Metropolenhäusern in Städten wie Hamburg, Berlin oder München mithalten kann. Also soll die aufwendige Oper „Aida" gegeben werden. Der Bühnenmeister wendet jedoch ein, dass die Kieler Bühne für Aida viel zu klein wäre. Wo sollen die vielen Sänger und Statisten hin, die Pyramiden sind zu hoch, die Palmen sind zu mächtig, die stoßen überall gegen. Und der Orchestergraben ist zu klein für einundzwanzig Bläser. Schließlich schlägt der Intendant vor, die Oper als Open-Air-Veranstaltung aufzuführen, und zwar in Heide, die Stadt mit dem zweitgrößten Marktplatz Deutschlands.

Tatsächlich erscheint mir die Bühne des Kieler Opernhauses auch nicht besonders groß, dabei wirkt der im Krieg zerstörte Backsteinbau am Kieler Rathausplatz von außen sehr voluminös. Eine italienische Oper scheint hier ebenfalls gut aufgehoben, denn der benachbarte Rathausturm erinnert an einen venezianischen Campanile.

Am Kassenhäuschen entdeckte ich nach der Opernaufführung die aus der Kieler Partnerstadt Tallinn stammende rundliche Bronzefigur eines guten Hausgeistes (vom estnischen Bildhauer Taune Kangro), einen verspielteren Gegenpart zum auf demselben Platz stehenden athletischen Schwertträger (von Adolf Brütt).

Lübeck

Lübeck ist eine der wenigen deutschen Städte mit einem Jugendstilstadttheater. An der Fassade ist DEM WAHREN GUTEN SCHOENEN zu lesen. Schaut man im Zuschauerraum an die Decke, scheint man, das Meer ist nicht weit, Seesterne zu sehen.

Der 1875 in Lübeck geborene Thomas Mann beschrieb in den *Buddenbrooks* jedoch den im klassischen Stil gehaltenen Vorgängerbau. Die Familie Mann hatte es nicht weit, sie wohnte in der Mengstraße, nur einen Katzensprung von der Beckergrube, wo sich das Theater Lübeck befindet. Finanziert wurde das 1908 errichtete Theater durch den Unternehmer und Mäzen Emil Possehl, dessen Stiftung noch heute in Lübeck alle möglichen Stadtverschönerungen durchführt. Unweit des heutigen Theaters kann man in einem Schaufenster etwas über die Arbeit der Stiftung lesen. Die Stiftung hat auch die umfassende Sanierung in den Jahren 1992-96 mitfinanziert. In Lübeck ist im Theater ein hanseatisches Bürgertum anzutreffen, wie es sich sonst nur noch in Hamburg findet.

8. Hamburg

Hamburg ist eine wichtige Musikstadt. Hier wurde bereits 1678 am Gänsemarkt das erste öffentliche Opernhaus Deutschlands gegründet (nach Venedig das zweite in Europa). Der Komponist Georg Philip Telemann war von 1722-1738 Leiter dieses Opernhauses und wirkte 46 Jahre in Hamburg als Musikdirektor. Er bezeichnete die Elbmetropole als Stadt, `wo die Music gleichsam ihr Vaterland zu haben scheint´. Zu den in Hamburg geborenen Komponisten gehören Johannes Brahms und Felix Mendelssohn-Bartholdy. In Hamburg begannen die Beatles ihre Karriere, aber auch der Komödiant und Musiker Otto Waalkes.

Hamburg ist mit einem Opernhaus auf fast 2 Millionen Einwohner rein statistisch unterdurchschnittlich mit öffentlichen Opernhäusern ausgestattet. Jedoch verfügt Hamburg zusätzlich über drei private Opernspielstätten, mehr als jede andere deutschsprachige Stadt: das Opernloft in Altona, die Opernfactory in Tonndorf und die Kammeroper im Alleetheater in Altona.

Die spektakuläre Elbphilharmonie hat Hamburg zudem uf die Landkarte der Architekturmoderne katapultiert. Manche glauben sogar, Hamburg hätte mit ihr, so wie Sydney, ein spektakuläres Opernhaus am Hafen. In Wirklichkeit ist ein eher unauffälliges, aber elegantes Gebäude aus den 1950er Jahren unweit des Dammtorbahnhofs das Hamburger Opernhaus. Nach einer Kriegszerstörung des Zuschauerraumes, war 1955 ein Neubau im Stil der Zeit eröffnet worden.

Das Publikum in Hamburg ist ein bisschen schicker und förmlicher gekleidet als in kleineren Häusern. Im Sommer 2018 sah ich hier Beethovens Fidelio, und in der Pause war der Ansturm auf den Sekt nach all den Gefangenenszenen überdurchschnittlich.

Hamburg- Handel mit Tenören

Die Hamburger Oper gehört zu den führenden Häusern in Deutschland, mehrfach von der Zeitschrift *Opernwelt* als *Opernhaus des Jahres* ausgezeichnet. Hier wirkten große Namen wie Rolf Liebermann (1910-1999), August Everding (1928-1999) oder Kent Nagano (*1951). Das war nicht immer so, große Sänger zogen weiter, vor allem nach Berlin. Dort gab es einst das Bonmot, Hamburg handele mit Kaffee und mit Tenören.

Hamburg- der kalte Winter und die Ruhrfestspiele

Nach dem Zweiten Weltkrieg waren die Zeiten schwierig. Der Winter 1946/47 war besonders kalt und die Hamburger Theater standen vor der Schließung, weil Kohle zur Beheizung und zum Betrieb fehlte. Da beschlossen der Verwaltungsdirektor des Deutschen Schauspielhauses und der Betriebsratsvorsitzende der Hamburgischen Staatsoper Karl Rosengart mit zwei LKW ins Ruhrgebiet zu fahren, um die Kohlenzechen um Hilfe zu bitten. Von der Autobahn aus sahen sie die Schlote einer Kraftwerksanlage, einer Zeche in Recklinghausen, und machten dort Halt. Die Bergarbeiter halfen den Theaterleuten und luden beide LKW mit Kohle voll. Zum Dank für die Hilfe gastierten die Hamburger Staatsbühnen im Sommer 1947 in Recklinghausen. Zur Eröffnung der Gastspiele am 28. Juni 1947 spielet die Hamburger Staatsoper Figaros Hochzeit. Aus der Veranstaltung gingen die *Ruhrfestspiele* hervor.

Die Kammeroper im Alleetheater

Als das Alleetheater 1968 in Hamburg-Altona gegründet wurde, wurde es einfach nach der Straße benannt, an der es lag (später wurde diese in Max-Brauer-Allee umbenannt). Der relativ kleine Aufführungsraum ist optisch interessant mit unterschiedlichen roten Stühlen ausgestattet, die niedrige Deckenhöhe erlaubt jedoch keine glamourösen Leuchter. Ein Kronleuchter hängt stattdessen origineller Weise von einem Baum im ans Foyer grenzenden Hinterhof des Theaters. Dort finden sich zudem allerhand Kunstwerke, so zum Beispiel eine Pferdeskulptur aus Metall, welche für einen stolzen Preis zum Kauf angeboten wird. Die Nähe zum Altonaer Bahnhof kam mir bei einem Besuch einer Offenbach-Oper im Sommer 2019 zugute. Ein paar Minuten vor dem Ende verließ ich die Aufführung, weil schon in 15 Minuten mein ICE nach Hamburg ging. Doch den frühen Abgang sollte ich bereuen, denn bereits nach 5 Minuten war ich am Bahnsteig.

Kronleuchter im Hinterhof des Alleetheaters

Das Opernloft

Im Frühjahr 2019 warb das 2003 gegründete Musiktheater Opernloft, welches im Herbst 2018 neue Räume im ehemaligen Fährterminal im Hafen gefunden hatte, folgendermaßen für eine Aufführung:

Opernloft

Richard Wagners Oper der Ring der Nibelungen dauert 16 Stunden und ist angeblich sehr schwer. Bei us ist er leicht. Das Opernloft schafft Das Rheingold, Die Walküre, Siegfried und die Götterdämmerung in nur 90 Minuten. Sie sparen 14,5 Stunden Lebenszeit, verstehen die Handlung und können dann entscheiden, ob sie doch noch nach Bayreuth wollen.

Zu Wagner-Opern gibt es ja das Bonmot, dass wenn sie um 18:00 anfangen und man nach 3 Stunden auf die Uhr schaut, man feststellt, dass es erst 18:20 ist. Und der Ring der Nibelungen wird manchmal ja auch als Ring, der nie gelungen, verspottet.

Dieses attraktive Angebot überzeugten mich und einen Bekannten und wir erwarben ein Ticket und fuhren nach Hamburg. Einen dort wohnenden Schulfreund und Opernmuffel konnte dies dennoch nicht aus der Reserve locken. Wir konnten ihm nur noch nach der Aufführung von deren Leichtigkeit und Witz und dem tollen Blick auf den Hamburger Hafen vorschwärmen.

Die Opernfactory

Im November 2012 wurde im Hamburger Stadtteil Wandsbek durch di Sopranistin Barbara Kaliner die Opernfactory gegründet. Seither gibt es in der Musikstadt Hamburg sogar vier Opernspielstätten, darunter mit der Opernfactory eine im Osten der Stadt. Spielstätte ist eine ehemalige Gewürzmühle in einem Gewerbegebiet.

Beim Besuch wundere ich mich über die schlichte Örtlichkeit mit einem simplen Hinweisschild Opernfactory an einem gesichtslosen Gewerbekubus und den bescheidenen Eingang. Auch der 130 fassende Zuschauerraum ist relativ schlicht. Im kleinen Foyer mit seinen roten Wänden und kleineren Dekorspiegeln schafft ein Kronleuchter jedoch ein wenig Opernatmosphäre. Als ich einen Verdi/Wagner-Abend besuche, die Sänger werden lediglich von einem Piano begleitet, fängt es stimmlich erst mäßig an und mein älterer Sitznachbar ist noch nicht aufgewacht. Im Laufe der Vorstellung steigert es sich immer mehr, ein Chor kommt hinzu, der Nachbar ist aufgewacht, der Applaus nimmt zu und hinter mir sind Stimmen zu hören `wirklich gut´.

9. Bremen

Das finanzschwache Bundesland Bremen leistet sich bei einer Einwohnerzahl von weniger als 700 000 zwei Opernhäuser und ist damit, auf die Bevölkerungszahl gerechnet, dreimal so gut mit Opernhäusern ausgestattet, wie der Bundesdurchschnitt und fast fünfmal so gut wie Hamburg. Direkt gefährdet sind beide Bremer Häuser nicht, denn die Großstadt Bremen ist sicher opernwürdig und die Krisenstadt Bremerhaven muss sowieso gestützt werden. Ein wachsames Bürgertum lässt hier auch eine Schließung nicht so einfach zu.
Bremen ist eigentlich keine Musikstadt, aber dennoch europaweit durch ein musikbezogenes Märchen bekannt: *die Bremer Stadtmusikanten* (Esel, Hund, Katze, Hahn).

Bremen

Opernspielstätte in Bremen war bis zum 2. Weltkrieg das 1843 errichtete Bremer Stadttheater, später Staatstheater genannt. Im Krieg völlig zerstört, wurde es in den Nachkriegsjahren abgetragen und der Theatergarten Teil der Bremer Wallanlagen. Die Ägina-Skulptur des Berliner Bildhauers Gerhard Marcks markiert heute den einstigen Theatergarten. Neue Spielstätte wurde das unweit davon gelegene im neoklassischen Stil gehaltene Theater am Goetheplatz, welches heute das eine Ende einer Kulturmeile und den Beginn des wunderschönen Ostertorviertels markiert. Das Theater spielte unter der Intendanz von Karl Hübner mit seinem *Bremer Stil* einst in der ersten Liga der progressiven deutschen Theater, was auch auf das Musiktheater abfärbte. Der Bremer Stil hatte sogar sein eigenes Logo: einen umkehrenden schwarzen Pfeil, der auch lange am Giebel des Theaters zu sehen war. Hübner meinte jedoch, das Bemerkenswerte am Bremer Stil sei, dass es ihn gar nicht gab.

Im Studentenrevoltenjahr 1968 unterbrach der Schauspieler Bruno Ganz hier sogar eine Vorstellung einer Operette, um eine Resolution gegen die Notstandsgesetze vorzulesen. Als ich im September 2018 eine Aufführung von Fidelio im Bremer Theater besuche, sehe ich den ehemaligen Bürgermeister Henning Scherf, mit seinen 2 Metern auch kaum zu übersehen, vor mir sitzen. Als Sitze frei bleiben, rückt er später weiter in die Mitte. Henning Scherf wohnt in einer Alten-WG, nicht unweit des Theaters. Ob er mit der Tram zum Theater gekommen war? Über Bremen meinte er einmal: *Bremen ist vielleicht ein Dorf, aber das Dorf mit der schönsten Straßenbahn der Welt.*

Bremerhaven

Das 1911 im Jugendstil errichtete Stadttheater wurde im September 1944 bei einem Bombenangriff vollständig zerstört, Reste der Fassade blieben jedoch erhalten und wurden in den Neubau integriert. Heute macht das Theatergebäude einen unscheinbaren Eindruck am ebenso unscheinbaren zentralen Platz Bremerhavens. Als in den 1990er Jahren eine Sanierung anstand, wurde eine Schließung diskutiert, aber Bürgerengagement, welches sich auch in einem rührigen Theater-Förderverein und einer Spendenaktion ausdrückte, konnten dies abwenden. Heute ist das Stadttheater Bremerhaven eine bundesweit eher unauffällige Spielstätte, die mit einem nicht so aufwendigen Standard-Opernprogramm bei begrenztem Budget, ohne groß überregional auf sich aufmerksam zu machen, ihren Dienst tut. Bremen mit seinem oft prekären Haushalt gilt ja als das Griechenland der Bundesrepublik und will Nettozahlerländer nicht auf den Gedanken bringen, dass hier unnötiger kultureller Luxus bezuschusst werden muss.

Stadttheater Bremerhaven

10. Niedersachsen

Niedersachsen hat mit 6 Opernhäusern auf 7.5 Millionen Einwohner eine für Westdeutschland durchschnittliche Opernhausdichte (0.8 Opernhäuser pro 1 Million Einwohner). Die vier im Krieg zerstörten Gebäude wurden in ihrer alten Kubatur wiederaufgebaut. Nur das unzerstört gebliebene Opernhaus von Oldenburg hat auch einen erhaltenen gebliebenen historischen Opernsaal. Nachdem Einsparungen immer wieder diskutiert wurden, ist heute keines der niedersächsischen Häuser akut gefährdet. Außer Hannover macht allerdings keines der Häuser bundesweit oder gar international auf sich aufmerksam.

Hannover

Hannover besitzt, was äußere Anmutung, Kubatur, und Lage betrifft, eines der beeindruckendsten Opernhäuser Deutschlands. Im Innern des Opernhauses ist von der einstigen historischen Pracht allerdings wenig geblieben. Ein Vorbau ermöglichte einst den ankommenden Herrschaften, aus der Kutsche aussteigend trockenen Fußes ins Foyer zu gelangen.

Durch diesen Vorbau gibt es einen großen Balkon, auf dem Platz für 12 Statuen von Dichtern und Komponisten ist. Was die Dichtung betrifft, repräsentiert Sophokles das alte Griechenland, Terenz Rom, Calderon Spanien, Molière Frankreich, Shakespeare England, und Goldoni Italien, während Goethe, Schiller und Lessing Deutschland repräsentieren. Bei den Komponisten geht es jedoch weniger international zu: Mozart, Weber und Beethoven sind vertreten. Verdi war noch nicht zur Legende geworden, aber einer der anderen großen italienischen Opernkomponisten wie Monteverdi, Donizetti oder Rossini ist darunter leider auch nicht zu finden.

Schon 1852 im spätklassizistischen Stil errichtet, brannte das Opernhaus im 2. Weltkrieg bis auf die Grundmauern aus. 1950 wurde es im alten Stil detailgetreu wiederaufgebaut und als erstes Theater Westdeutschlands wieder in Betrieb genommen.

Dabei wurden allerdings auch Fehler reproduziert. Das Opernbaujahr 1845 müsste in römischen Ziffern mit MDCCCXLV dargestellt werden. Tatsächlich finden sich die Lettern MDCCCXXXXV. Das Opernhaus findet sich in zentraler Innenstadtlage, nahe der Fußgängerzone und nicht weit vom Hauptbahnhof. Früher war es üblich, dass Opernbesucher nach dem Ende der Vorstellung im nahe gelegenen Mövenpick um die letzten freien Plätze kämpften.

Lüneburg und das Schulgebäude

Die Region Lüneburg scheint nach den Statistiken eine der ärmsten in Westdeutschland zu sein. Hier pendeln nicht nur viele nach Hamburg, sondern zusätzlich auch nach Bremen, Bremerhaven und Hannover und die erbrachte Wirtschaftsleistung wird diesen Städten gutgeschrieben. In Wirklichkeit ist das im Speckgürtel Hamburgs liegende Lüneburg eine wohlhabende Stadt. In dieser Hauptstadt eines ehemaligen niedersächsischen Regierungsbezirkes leistet man sich sogar ein Dreispartentheater mit einem Ensemble für Musiktheater und damit also auch ein Opernhaus, wenn auch ein bescheidenes. Als ich dort im November 2018 eine Aufführung von La Bohème besuche, ist der erste Gedanke, ‚was, das soll ein Opernhaus sein?', das sieht eher wie ein Schulgebäude aus. Innen ist es funktional-modern ausgestattet, Ränge gibt es allerdings nicht.

Während das nahe Hamburg, die erste deutsche Stadt mit einem Opernhaus war, gehört Lüneburg zu den jüngsten deutschen Opernstandorten, das Theater wurde erst 1946 in der im Krieg unzerstört gebliebenen Hansestadt gegründet. Der Opernstandort ist allerdings gefährdet, Der 25-Millionen-Theateretat Niedersachsens sollte nach Koalitionsbeschluss 2019 um 6 Millionen erhöht werden. Doch dieses Geld tauchte im Haushaltsplan nicht auf. Im Herbst 2018 wurde von einer für 2019 drohenden Insolvenz des Theaters Lüneburg gesprochen. 3000 Lüneburger protestierten daraufhin für den Erhalt ihres Theaters.

Hildesheim und die Sessel

Laut Wikipedia ist das *Theater für Niedersachsen* das erste und einzige subventionierte Theater Deutschlands mit einer eigenen Musical-Company. Was das Theatergebäude betrifft, täuscht eine schöne neoklassische Säulenfassade darüber hinweg, dass das Haus innen nicht so gut in Schuss ist. Als ich im November 2018 dort in die Oper ging, meinte meine Begleitung, dass die Sessel recht unbequem und abgenutzt wären. Allerdings ist im Programmheft auch zu lesen, dass eine begrenzte Sanierung zumindest mit einem Austausch der Sessel für das Jahr 2019 geplant ist. Das wäre 10 Jahre nach der Feier des hundertsten Geburtstages des 1909 eröffneten Hauses. Gegen Kriegsende wurde die einst wunderschöne Fachwerkstadt Hildesheim durch Bomben völlig zerstört und auch vom Opernhaus blieben nur die Außenmauern stehen.

Oldenburg

Oldenburg besitzt wegen seiner einstigen Funktion als Residenz des Herzogtums Oldenburg ein eigenes Staatstheater. Das 1893 im Neobarockstil errichtete Theatergebäude überstand den Zweiten Weltkrieg unzerstört und zählt heute zu den schönsten Opernhäusern Deutschlands. Beim Betreten des Zuschauersaals reibt man sich fast die Augen, denn erhaltene historische Säle mit plüschiger Pracht gibt es gar nicht mehr so oft in Deutschland und in Norddeutschland erwartet man sie noch weniger als in stärker vom Barock geprägten Städten im Süden des Landes.

Osnabrück und der Giebel

Osnabrück verfügt über ein im Jahr 1909 eröffnetes Jugendstiltheater. Im Krieg schwer beschädigt, blieb die

Fassade weitgehend erhalten und es gibt Pläne, den Jugendstilgiebel wieder zu errichten. Der Zuschauerraum und das neu angebaute Foyer entsprechen jedoch dem Geschmack der 1970er Jahre. Insgesamt ergibt sich der Eindruck eines nicht ganz harmonischen Stilmixes. Die dunklen Brauntöne des Zuschauerraumes erinnern an Osnabrück als Schokoladen- und Konfiseriestadt (Leysieffer). Als ich das Theater im September 2018 besuche, um eine Opernprobe anzuschauen, fällt mir auf, dass über dem Orchestergraben Netze gespannt sind, was ich zum ersten Mal in einer Oper sah. Ob da wohl mal jemand hineingefallen ist? Später sah ich das noch in anderen Häusern.

Theater Osnabrück

Braunschweig

Herzog Anton Ulrich von Braunschweig-Wolfenbüttel hat seinem Territorium einen wichtigen Platz in der deutschen Kunstlandschaft gesichert. 1690 ließ er in Braunschweig eines der damals größten deutschen? Opernhäuser errichten. Seine Kunstsammlung bildete den Grundstock für das heutige Herzog-Anton-Ulrich Museum, eines der ältesten Kunstmuseen Deutschlands. Schließlich erweiterte er auch noch die nach seinem Vater benannte Herzog August Bibliothek in Wolfenbüttel. Da das heutige Staatstheater Braunschweig seine Anfänge auf das vom Herzog begründete Opernhaus am Hagenmarkt zurückführt, beansprucht es für sich, das älteste Mehrspartentheater Deutschlands zu sein. Das heutige Große Haus wurde allerdings erst 1861 errichtet. Im 2. Weltkrieg wurde es stark beschädigt, aber bereits 1948 als eines der ersten Theater Westdeutschlands wiedereröffnet. Der erste Komponist, der im neuen Gebäude zur Aufführung kam, war Richard Wagner und im Foyer ist auch eine Wagnerbüste zu sehen.

11. Nordrhein-Westfalen

Nordrhein-Westfalen ist das Bundesland mit den meisten Opernhäusern. 15 sind es insgesamt. Da es auch das bevölkerungsreichste Bundesland ist, liegt die Opernhausdichte hier dennoch nur im westdeutschen Schnitt und leicht unter dem Bundesdurchschnitt. Weil NRW dicht besiedelt ist, gibt es hier jedoch auf die Fläche gerechnet eine hohe Opernhausdichte, vor allem auch im internationalen Vergleich. Die benachbarten Niederlande haben eine ähnliche Bevölkerungszahl, doch mit Amsterdam nur ein einziges Opernhaus.

Allein im finanzschwachen Ruhrgebiet gibt es 5 Opernhäuser (Essen, Dortmund, Duisburg, Gelsenkirchen und Hagen). Aufgrund von Kriegszerstörungen gibt es hier jedoch nur wenige Häuser mit historischer Architektur und außer Detmold keines mit erhalten gebliebener Innenausstattung. Andererseits gibt es mehrere Beispiele herausragender Nachkriegsarchitektur, wie die Opernhäuser von Köln, Gelsenkirchen und Münster. Mit dem Aalto-Opernhaus gibt es zudem in Essen ein wichtiges Bauwerk eines internationalen modernen Architekten.

Die Opernszene in NRW ist lebendig, hat aber ihre beste Zeit schon hinter sich. Nicht nur das Bielefelder Opernwunder ist Geschichte, in Köln wurde der erfolgreiche Intendant Leienfels, der für sein Haus den Titel *Opernhaus des Jahres* erspielt hatte, entlassen und das Feuilleton fing an, vom *Kölner Opernelend* zu sprechen. Verstärkt wurde dies durch einen Bauskandal. Die Sanierung des Kölner Opernhauses wird nicht nur mehr als doppelt so teuer, als ursprünglich geplant, die Eröffnung verschob sich gleich um sieben Jahre, auf Herbst 2022. Und mittlerweile dringt auch Wasser durch das undichte Dach des Düsseldorfer Opernhauses ein.

Detmold

Detmold, ehemals Hauptstadt des Freistaates Lippe, hat nur 74 000 Einwohner, aber als ehemalige Residenzstadt dennoch ein Opernhaus. Bei dieser Einwohnerzahl und durch Opernhäuser in Bielefeld und Hannover begrenztem Einzugsgebiet ist es nicht leicht, das Opernhaus immer mit Zuschauern zu füllen. Die 750 Studenten der in Detmold ansässigen Hochschule für Musik haben deshalb freien Eintritt. Das musste ich einmal zu meinem Leidwesen feststellen, als ich ein Ticket zum Studententarif, welches ich für einen in Duisburg wohnenden Bekannten gekauft hatte, der dann aber doch mitkommen konnte, billig abzugeben hatte. Das Ticket wurde ich in Detmold leider nicht mehr los.

Ein größeres Ärgernis war im April 2018 jedoch eine Frühjahrs-Kirmes, die unmittelbar vor dem Opernhaus stattfand, deren Fahrgeschäfte den Blick auf das schöne neoklassische Gebäude beeinträchtigten und deren Lärm noch bis in den Opernsaal zu hören war. Man kam nicht umhin, die Verantwortlichen als provinziell und wenig opernfreundlich zu sehen. Dabei ist das Landestheater selbst alles andere als provinziell, denn es ist die größte Reisebühne Europas, die Hälfte der Vorstellungen einer Spielzeit finden außerhalb Detmolds statt.

☞ Detmold veranschaulicht die Opernvielfalt Deutschlands und die Tatsache. Ralph Bollmanns Opernbuch `*Walküre in Detmold*´ trägt den auch den Namen der Stadt im Titel, um die gute Opernhausausstattung selbst kleinerer deutscher Städte (insgesamt gibt es mehr als 80 mit einem Opernhaus) zu demonstrieren.

Bielefeld - das Opernwunder

Als ich erzählte, dass ich in Bielefeld eine Opernaufführung (Rihms Jakob Lenz) besucht hatte, kam der Kommentar, die Stadt gäbe es ja gar nicht (diese Behauptung ist ein Running gag), deshalb könnte man dort auch keine Oper besuchen. Viele können die Stadt nicht mit einer bestimmten Sehenswürdigkeit verbinden, nur wenige waren überhaupt jemals dort. Das im Krieg stark zerstörte Bielefeld ist im Innenstadtbereich zudem durch relativ gesichtslose Nachkriegsarchitektur geprägt. Jedoch gibt es ein Stadttheater mit Jugendstilfassade. Im Krieg beschädigt, ging bei späteren Sanierungen die Jugendstilformensprache immer mehr verloren, was jedoch 1979 zum 75jährigen Jubiläum des Theaters korrigiert wurde. Ganz kann man sich heute an der schönen Fassade dennoch nicht erfreuen, denn eine Stadtbahnhaltestelle liegt unmittelbar davor, so dass von der Innenstadt aus die Sicht auf das neben dem Rathaus stehende Gebäude eingeschränkt ist. Im Hof des Theaters gibt es zudem Spuren älterer Architekturepochen, wie ein eingesetzter Giebel eines abgebrochenen Bürgerhauses aus dem 16. Jahrhundert und eine Mauer mit Zinnen und Figuren wie auf einer Burg. Innen haben verschiedene Sanierungen jedoch nichts mehr vom historischen Ambiente übriggelassen. Der Opernsaal ist modern funktional, nur noch die rote Bestuhlung erinnert an historische Gestaltung. Man ist hier stolz auf das Stadttheater mit seinem progressiven Programm. In den 1980er und 1990er Jahren erlebte das Theater mit dem Intendanten Heiner Bruns (1935-2019) und dem Oberspielleiter John Dew sogar ein bundesweit beachtetes `*Bielefelder Opernwunder´*. Dazu gehörte auch die Wiederentdeckung selten gespielter Opern aus der Zeit der Weimarer Republik. Bruns schuf mit dem Chefdramaturgen Alexander Gruber sogar eine `*Bielefelder Dramaturgie´*.

Bielefeld - Der Bürgerstolz

Lange Zeit hatte Bielefeld überhaupt kein eigenes Theater. Doch die Spende der Witwe des Tabakfabrikanten Crüwell, aus dessen Familie auch eine bedeutende Opernsängerin stammt, die in Frankreich als Sophie Cruvelli (1826-1907) Karriere machte, erlaubte schließlich den Bau eines städtischen Theaters, welches 1904 eröffnet wurde. Die den Bürgerstolz wiederspiegelnden Lettern `STADT-THEATER´ sind groß und in Gold an der Fassade angebracht. Im Foyer sind etliche Privatspender aufgelistet; teilweise weisen Büsten auf sie hin. Im industriereichen Ostwestfalen wird die Oper eben durch ein zahlungskräftiges Bürgertum unterstützt.

☞ Neben Cruvelli ist ein weiterer wichtiger Name mit Bielefeld verbunden. Der im nahen Gütersloh geborene bedeutende moderne Komponist Hans Werner Henze (1926-2012) war 1945 Korrepetitor am Stadttheater.

Gibt es: Stadttheater

Münster - es werde Licht

Im Krieg stark zerstört, wurde Münster auf besonnene Art wiederaufgebaut, alte Straßenführungen und Fassaden respektiert. In Münster wurde 1956 auch einer der ersten Nachkriegs-Theaterneubauten eröffnet. Die elegante, geschwungene 50er Jahre-Architektur erhitzte erst die Gemüter, bis sie schließlich als `*befreiender Donnerschlag in der Theater-Architektur*´ gefeiert wurde. Das lag auch an der Gestaltung im Innern, der Innenhof bezieht origineller Weise Teile der rückwärtigen Fassade des im Krieg zerstörten Romberger Hofes ein, was zu interessanten Ausblicken führt. Der Opernsaal wird allerdings der soliden Architekturqualität Münsters und seines Theaters nicht ganz gerecht. Geländer und Bestuhlung der Ränge wirken billig, wie aus Baumarktteilen zusammengestoppelt. Ähnliches gilt für die Deckenlampen, die dann aber in ihrer großen Zahl doch wieder Eindruck machen und den Spruch widerlegen: `*Und Gott sprach, es werde Licht. Und es ward Licht. Nur in Bielefeld und Münster, da blieb es finster*.´

☞: Der ehemalige Bundespräsident Theodor Heuss sagte, wenn er in einer schönen Stadt war, das sei die zweitschönste Stadt Deutschlands. Auf die dadurch provozierte Nachfrage, was denn die schönste sei, antwortete er: `Münster´.

Ruhrgebiet

Hagen und die Rote Liste

Die Ruhrgebietsstadt Hagen leidet unter Strukturwandel und Haushaltsnöten. Wegen laufender Kürzungen steht das Stadttheater Hagen seit Dezember 2012 auf der Vorwarnliste der Roten Liste Kultur des deutschen Kulturrates. Das war auch der Grund, weshalb ich mich im Februar 2018 zu einem Besuch entschloss. Denn wer weiß, wie lange es dieses Opernhaus noch geben wird. Erst im Opernhaus wurde ich gewahr, dass ich eine konzertante Aufführung von Aida gebucht hatte. Eine bombastische Inszenierung der Verdi-Oper mit Elefanten und Dutzenden Kriegern hätte sich das Opernhaus auch kaum leisten können. Da ich einen Platz weit vorne hatte und Orchester und Sänger gut waren, war das dennoch eine runde Sache. Das 1911 errichtete Theater ist zudem ein überraschend solides Gebäude in einer an Sehenswürdigkeiten armen Innenstadt. Obwohl Hagen Kennern als Jugendstil-bewegte Stadt gilt, zeigen sich jedoch in der Architektur des Gebäudes nur wenige Anklänge an diese Stilepoche. Im Krieg teilweise zerstört, wurde es bis 1949 wiederaufgebaut. An der Fassade sind vier nackte Frauenstatuen der Bildhauerin Milly Steger zu sehen, was damals Anlass zu Protesten gab. Wirtschaftliche Nöte gab es damals auch schon, Anfang der 1920er Jahre musste das Haus vorübergehend geschlossen werden. Zumindest diesbezüglich haben sich die Zeiten kaum geändert.

Dortmund

Dortmund ist eine stark vom Fußball geprägte Stadt, Fußball ist hier fast Religion. Das Westfalenstadion gilt als eine Art `Oper des kleinen Mannes´. Viele Dortmunder und Umlandbewohner wissen wahrscheinlich gar nicht, dass es in der Stadt auch ein Opernhaus gibt. Dabei ist das Theater Dortmund als Fünf-Sparten-Haus mit über 500 Mitarbeitern einer der größten Theaterbetriebe Deutschlands.

Das Opernhaus weist zwar eine markante Kuppel auf, flankierende Gebäuderiegel und eine nahe vorbeiführende Straße verhindern aber, dass es zur Geltung kommt. Zudem lässt der gesamte städtebauliche Kontext mit seinen fast brutalistischen Bauten Ästhetik vermissen. Der Opernsaal beeindruckt jedoch durch seine Größe und Raumwirkung.

Allerdings ist die Auslastung ein Problem, immer wieder fällt diese unter 50% und dann wird von einer Opernkrise in Dortmund gesprochen. Dabei ist Westfalen opernmäßig nicht überversorgt. In Deutschland kommt eine Oper auf etwa eine Million Einwohner, in Westfalen (mit 6 Opernhäusern, Dortmund, Gelsenkirchen, Hagen, Bielefeld, Münster, Detmold, und über 8 Millionen Einwohnern) eine Oper auf 1.4 Millionen Einwohner.

Gelsenkirchen und das MiR

Gelsenkirchen landet oft am untersten Ende, was Listen der Wirtschaftskraft, Zukunftsfähigkeit und Lebensqualität deutscher Großstädte betrifft. Gelsenkirchen hat mit Schalke jedoch nicht nur einen Top-Fußballverein. Mit dem 1959 eröffneten Musiktheater im Revier (MiR) besitzt Gelsenkirchen im Stadtteil Schalke ein Operngebäude, das zur ersten Liga in Deutschland zählt, zumindest was die architektonische Ästhetik betrifft. Kaum ein Nachkriegstheaterbau in Deutschland ist von klarerer, leichterer und eleganterer Architektursprache. Das zeigt sich auch nachts, wenn die Glasfassade von innen beleuchtet ist. Man erkennt dabei auch, dass für das Gebäude, wie für den Fußballverein Schalke 04, die Farbe Blau eine wichtige Rolle spielt. Der französische

Avantgarde-Künstler Yves Klein (er starb bereits mit 34 Jahren an einem Herzinfarkt) schuf 1957-1959 große monochrome Bildtafeln, für die er ein spezielles Blau entwickelte und deren Reliefs aus Naturschwämmen bestehen. Der Architekt Werner Ruhnau, dessen Büro auch den Neubau des Theaters von Münster realisierte, hatte durchgesetzt, dass verschiedene Künstler an der Ausgestaltung mitwirkten. Neben Klein waren das unter anderem der Schweizer Jean Tinguely, für seine kinetische Kunst bekannt, und der englische Bildhauer Robert Adams. Das Gebäude ist so zu einem Gesamtkunstwerk geworden.

Essen und Aalto

Das Essener Opernhaus beeindruckt durch die organischen und dennoch klaren Formen der hellen Granitfassade. Der Opernsaal wirkt durch die blauen und weißen Farbtöne und die organischen fließenden Formen harmonisch und feierlich. Nur dem Eingangsbereich fehlt es an Repräsentativität. Von der FAZ wurde das Aalto-Theater als *vielleicht schönster deutscher Theaterbau nach 1945* bezeichnet. Entworfen hat es der finnische Architekt Alvar Aalto (1898-1976). Seine ersten Entwürfe stellte er bereits 1959 im Rahmen eines Ideenwettbewerbs vor. Zweimal legte er auf Wunsch der Stadt überarbeitete Pläne vor, so noch 1976, kurz vor seinem Tod. Der Legende nach floss am Abend vor der Abgabe noch viel Chianti, was in wunderbar schwungvollen Linien resultierte.

Aufgrund von Wirtschaftskrisen, die das Ruhrgebiet besonders trafen, und anderer Prioritäten, wie dem Bau des Rathauses, wurde jedoch erst 1983 mit dem Bau begonnen. Fertig gestellt wurde das Theater dann erst im Jahr 1988, mehr als ein Jahrzehnt nach dem Tod Aaltos. Damit beauftragt wurde der Gladbecker Architekt Harald

Deilmann (1920-2008). In einem Architektenteam hatte dieser bereits das 1956 erbaute Theater in Münster mitentworfen.

Duisburg und die Inschrift

Duisburg, Stahlstadt und Aschenputtel unter den deutschen Halbmillionenstädten, hat ein durchaus vorzeigbares Opernhaus, das seine architektonischen Reize zudem durch einen davorliegenden Platz zur Entfaltung bringen kann. Das Theater Duisburg wurde 1912 im neoklassizistischen Stil nach einem Entwurf des bayerischen Architekten Martin Dülfer errichtet.

Als hier in den zwanziger Jahren die Oper eines polnischen Komponisten aufgeführt wurde, musste dies nach nationalistischen Protesten schnell gestoppt werden. Durch einen Bombenangriff im Dezember 1942 teilweise zerstört wurde das Theater bis 1952 wiederaufgebaut. Innen strahlt es heute den Stil der 1950er Jahre aus. Wenn man sich das in klassischem Weiß gehaltene Gebäude heute ansieht, kann man sich kaum mehr vorstellen, dass 1960 die Fassaden mit einem intensiven roten Farbton gestrichen wurden.

Am Giebel der Fassade ist folgendes Schiller-Zitat (Huldigung der Künste) zu lesen:

*Mit allen
seinen Tiefen seinen Höhen
Roll ich das Leben ab vor deinem Blick
Wenn du das grosse Spiel der Welt gesehen
So kehrst du reicher in dich selbst zurück*

Rheinland

Düsseldorf – wohlhabend, aber nicht ganz dicht

Die wohlhabende Stadt Düsseldorf und das arme Duisburg teilen sich die Deutsche Oper am Rhein. Das war schon von 1887 bis 1920 so und wurde ab 1955 wieder praktiziert. Das arme Duisburg hat dennoch, zumindest was das äußere Erscheinungsbild betrifft, das schönere Opernhaus. Verglichen mit der neoklassischen Architektur mit Säulenportal wirkt das Düsseldorfer Haus wie eine Schuhschachtel. Dabei hatte Düsseldorf einst ein Opernhaus, das der Semperoper in Dresden ähnelte. Es war 1875 von Ernst Giese im Neorenaissance-Stil errichtet worden. Durch die Bombardierung im Krieg beschädigt, blieb dennoch ein Großteil der historischen Fassade erhalten. Bei einem Umbau von 1954-1956 opferte man dann die historistische Fassade zugunsten der Architektursprache der 1950er Jahre. Trotz Sanierung im Jahre 2006 und 2007 besteht weiterer Sanierungsbedarf, denn die Decke ist undicht, Regen dringt ein. Heute ist man mit der Anmutung im architektonisch ambitionierten Düsseldorf nicht mehr ganz zufrieden und es gibt Stimmen, die einen futuristischen Neubau statt einer weiteren Sanierung fordern.

Krefeld

Architektur aus den 1960er Jahren hat nicht viele Freunde. Gerhard Graubners 1962 in Duisburg eröffnete Mercatorhalle wurde nach der Jahrtausendwende abgerissen. Ein Jahr nach der Mercatorhalle wurde in Krefeld ein weiterer Graubner-Bau eröffnet. Dieser ist wohlproportioniert, hat ein markantes Kupferdach und eine originelle Glaselemente-Fassade. Der Bau bereichert eindeutig die Architekturlandschaft der an Sehenswürdigkeiten eher armen Seidenstadt Krefeld. Auch innen enttäuscht er nicht. Jedoch besuchte ich das Haus nicht wegen einer Oper, sondern um ein Musical zu sehen, allerdings mit Opernthema. `Otello darf nicht platzen´ erwies sich dann als sehr kurzweilig und ich hätte niemals gedacht, in Krefeld so gut unterhalten zu werden.

Mönchengladbach und die MET

Wer Mönchengladbach nur ein bisschen kennt, mag die Kaiser Friedrich-Halle für die Oper der Stadt halten. Zumindest ging es mir so. Tatsächlich hat jedoch ein eher unscheinbares Backsteingebäude im Stadtteil Rheydt die Funktion einer Opernspielstätte.
Bis 1929 war Rheydt eine unabhängige Stadt. Dort wurde 1928 mit dem Bau einer Stadthalle begonnen. An dem Entwurf war mit Hans Poelzig ein bedeutender Architekt desexpressionistischen Stils beteiligt. Als die Stadthalle 1930 eingeweiht wurde, war Rheydt schon mit Mönchengladbach fusioniert (die beiden Städte wurden dann in den 1930er Jahren auf Betreiben des aus Rheydt stammenden Goebbels wieder getrennt). Später wurde die Stadthalle von Rheydt zum Opernhaus ausgebaut. Der

Opernsaal ist wunderbar mit Holz ausgekleidet und stimmungsvoll beleuchtet. Hier waren die Kosten geringer als in der schwerer zu sanierenden Kaiser-Friedrich-Halle. Mit den fünf hohen Glasbändern, die oben in Bögen enden und bis zu den Glastüren führen, erinnert die Fassade an die Metropolitan Opera in New York, deren Front ebenfalls solche Elemente aufweist. Das Foyer weist dagegen eher die Anmutung einer Kassenhalle eines 1970er-Jahre Sparkassengebäudes auf.

Köln und der Bauskandal

Die Berliner haben ihren Flughafen, die Hamburger ihre Elbphilharmonie - und die Kölner ihre Oper, so sagt man. Denn aus der Sanierung des Kölner Opernhauses ist mittlerweile ebenfalls ein Bauskandal geworden. Das Projekt wird viel teurer und deutlich später fertig als geplant. Im Juli 2015, die Programmhefte waren schon gedruckt, wurde die auf November 2015 angesetzte Eröffnung auf unbestimmte Zeit verschoben. Erst hieß es 2019, mittlerweile soll es mindestens bis 2023 dauern. Bereits verbaute Hydraulikschläuche müssen absurderweise in 4 Jahren und damit schon vor der Eröffnung wieder erneuert werden. Sollte die Sanierung ursprünglich 235 Millionen Euro kosten, spricht man jetzt von 570 Millionen Euro.

Die Architektur des von Walter Riphan entworfenen, 1957 erbauten Opernhauses wird manchmal mit Mayapyramiden verglichen. Der Volksmund bezeichnet das Gebäude wegen seiner Anmutung auch als *Indisches Grabmal* bzw. als `Grabmal des unbekannten Intendanten´.

☞ Das Opernhaus liegt am Offenbachplatz. Der in Paris berühmt gewordene Opernkomponist Jacques Offenbach (1819-1880) stammte ursprünglich Köln.

Köln – Stockhausen im Staatenhaus

Durch die Sanierung des Kölner Opernhauses am Offenbachplatz musste eine Ausweichspielstätte gesucht werden und man fand sie mit dem aus den 1920er Jahren stammenden Staatenhaus auf der anderen Rheinseite (der *schäl Sick*, der rechten und schlechten Seite Kölns). Selbst das halbrunde, einfache Staatenhaus musste nach dem Krieg im stark zerstörten Köln wiederaufgebaut werden. Als ich dort im März 2018 eine Aufführung von Manon besuche, bin ich enttäuscht von der atmosphärelosen Messehallenarchitektur. Während der Aufführung scheppert eine Angestellte mit einem Bollerwagen so über den Raum vor dem Opernsaal, dass es bis drinnen zu hören ist. „Geht es noch kulturloser?" fragt man sich. In der Pause beschweren sich von Stuttgart angereiste Zuschauer zudem über die Gesangsdarbietung, bei der es eine krankheitsbedingte Auswechslung gab. Kölner Opernmisere wieder.

2011 schrieb das Staatenhaus jedoch Operngeschichte. Im April dieses Jahres wurde dort der letzte Teil des siebenteiligen Opernzyklus „Licht" des Komponisten Karlheinz Stockhausen (1928-2007) aufgeführt. Der aus dem Rheinland stammende Stockhausen, einer der bedeutendsten Komponisten des 20. Jahrhunderts, hatte 26 Jahre an diesem 29 Stunden-Monumentalwerk gearbeitet (1977-2003). Es gliedert sich in 7 Tage, aufgeführt wurde der 6 Stunden dauernde letzte Teil (Sonntag), verteilt auf zwei Aufführungstage (Samstag und Sonntag) mit jeweils drei Stunden.

Bonn

Viele glauben, Bonn wäre deshalb Regierungssitz geworden, weil es relativ unzerstört durch den Krieg kam. Doch weite Teile der am Rhein gelegenen Innenstadt wurden im Krieg zerstört, so auch der Boeselager Hof. An seiner Stelle wurde 1965 das neue Stadttheater errichtet, heute Spielstätte der Bonner Oper. Während der Bau außen nicht besonders beeindruckt, zählt die Beleuchtung sozusagen zu den Highlights. Der Zuschauerraum ist in Gestalt einer absenkbaren Milchstraße beleuchtet. Im Parkettfoyer fällt ein interessanter Kronleuchter auf. Gestaltet wurde er von Otto Piene (1928-2014), Mitglied der Künstler-Gruppe ZERO und ein Wegbereiter der Lichtkunst. Das Operngebäude ist zum nahen Rhein ausgerichtet, die Metallplatten an der Fassade sind wie Fischschuppen angeordnet.

Wuppertal

Als das Stadttheater von Barmen 1905 errichtet wurde, gab es die Stadt Wuppertal noch gar nicht. Diese entstand erst 1929 durch die Vereinigung der traditionsreichen Industriestädte Barmen, Elberfeld, Vohwinkel sowie anderer Orte. 1930 erhielt das Ganze den Namen Wuppertal, nachdem verschiedene Namensvarianten diskutiert wurden, darunter Elbbarmen (was an *Erbarmen* erinnert hätte, ein anderer Vorschlag war angesichts der Wirtschaftskrise Hungerstadt). Heute hat der Stadtteil Barmen das Opernhaus der Stadt, während das historische Konzerthaus Stadthalle in Elberfeld liegt.

Das Wuppertaler Opernhaus ist ein wenig zwischen Straßen und Eisenbahnlinien eingeklemmt, dafür aber sowohl vom Zug als auch von der Schwebebahn aus zu sehen. Das 1905 errichtete Gebäude wurde nach Kriegsschäden in den 1950er Jahren vereinfacht wieder aufgebaut. Aus dem Jugendstilgebäude wurde dadurch ein vom schlichten, aber eleganten Baustil der 1950er Jahre geprägtes Gebäude. Gleichzeitig dient es auch als Spielstädte des berühmten Tanztheaters von Pina Bausch (1940-2009). Im Sommer 2019 warb Wuppertal mit dem

Kunstwort *Wopertal* für seine Oper. Eine *Schwimmoper* gibt es in der Stadt auch –ein Hallenbad aus den 1950er Jahren.

☞ Nur wenige Schritte vom Opernhaus liegt das Engels-Haus, in welchem Friedrich Engels aufwuchs. Einst stand wenige Meter weiter auch sein Geburtshaus, welches jedoch im Zweiten Weltkrieg zerstört wurde.

Aachen und die Inschrift

Als bedeutende Kur und Badestadt, in welcher der europäische Adel ein und ausging, war in Aachen ein Theatergebäude schon früher notwendig geworden als in größeren Städten, die keine Residenzfunktion hatten. Die ersten Pläne stammten vom in Köln geborenen Landesbauinspektor Johann Peter Cremer und wurden in Berlin von Staatsbauminister Karl Friedrich Schinkel überarbeitet. Schinkel entwarf den klassizistischen Eingangsbereich mit acht ionischen Säulen und dreieckigem Giebelfeld. Unterm Giebel ist noch heute in goldenen Lettern und nicht ganz korrektem Latein zu lesen: *Musagetae heliconia dumque choro* (Dem Musenführer und dem Chor der Heliconianiden).

Bereits 1822 wurde der Grundstein gelegt. 1825 wurde es eröffnet. Finanziert wurde es von wohlhabenden Aachenern. Wer ein Haus mit mehr als drei Fenstern hatte, musste eine mehrjährige Tür- und Fenstersteuer zahlen. Der Aachener Mundartdichter Wilhelm Weitz witzelte damals in einem Gedicht

Dat M,U,S,A,G minge Lieven, heescht:
Mit unseren Stüern Alles Gebaut.

Im Zweiten Weltkrieg stark zerstört, wurde das Theater im Dezember 1951 wiedereröffnet. Nur noch Schinkels Eingangsbereich ist erhalten. Die goldenen Lettern sind jedoch immer noch zu lesen.

12. Hessen

Hessen hat 6 Millionen Einwohner und 5 Opernhäuser und liegt damit etwa auf dem westdeutschen Schnitt, was die Opernhausdichte betrifft. Das Rhein-Main-Gebiet ist dabei relativ gut ausgestattet, denn da kommt noch das rheinland-pfälzische Mainz dazu. In Frankfurt hat Hessen ein Opernhaus, das in Deutschland in der ersten Liga mit Stuttgart, München und den Berliner Häusern spielt. Seit der Kölner Intendant Laufenberg 2012 nach Wiesbaden vertrieben wurde, erreicht die Landeshauptstadt ebenfalls vordere Ränge. Nur in Wiesbaden und Gießen sind die historische Opernhäuser erhalten geblieben. In Frankfurt, Kassel und Darmstadt stehen dagegen Häuser aus der Nachkriegszeit, wobei in Frankfurt noch Reste des alten Jugendstil-Schauspielhauses unter der modernen Fassade verborgen sind. Das alte wiederaufgebaute Opernhaus Frankfurts ist dagegen keine Opernspielstätte mehr.

Frankfurt - Alte Oper

Eines der beeindruckendsten Operngebäude Deutschlands, die Alte Oper Frankfurts, ist heute gar kein Opernhaus mehr. Das 1880 nach Entwürfen des Berliner Architekten Richard Lucae erbaute Haus wurde durch einen Luftangriff im März 1944 stark zerstört. Da die Oper Frankfurt 1951 ins wieder errichtete ehemalige Schauspielhaus gezogen war, gab es lange kaum Anstrengungen für einen Wiederaufbau. Der spätere Frankfurter Oberbürgermeister Rudi Arndt schlug 1965 sogar vor, das Gebäude mit Dynamit zu sprengen, und erhielt deshalb den Beinamen Dynamit-Rudi. Doch schon 1953 hatten sich die ersten Bürgerinitiativen für eine Rettung des Opernhauses gegründet. Die 1964 gegründete Aktionsgemeinschaft Opernhaus Frankfurt am Main, größte deutsche kulturelle Bürgerinitiative, schaffte es schließlich,

Spendengelder in Millionenhöhe einzusammeln. Im April 1977 begannen die Bauarbeiten und am 28. August 1981 kam es zur feierlichen Wiedereröffnung der Alten Oper Frankfurt. Dabei spielte das Orchester die 8. Sinfonie von Gustav Mahler gespielt.

Frankfurt-Schauspielhaus

Während die Alte Oper Frankfurts mittlerweile eine Konzertstätte ist, dient das ehemalige Schauspielhaus heute als Opernspielstätte.

Das Schauspielhaus wurde 1902 im Jugendstil nach Plänen des renommierten Theaterbaumeisters Heinrich Seeling erbaut. Im Januar 1944 durch einen Bombenangriff ausgebrannt blieb es in seiner Kubatur dennoch weitgehend bestehen. 1948 wurde beschlossen, es als Opernspielstätte zu nutzen. 1962 wurde die alte Jugendstilfassade abgeschlagen, Reste der Fassade verschwanden hinter einer Glasfassade. 1987 brannte das große Haus durch ein von einem Obdachlosen verursachtes Feuer völlig aus, wurde aber bis 1991 wiederhergestellt. Da bereits wieder eine Sanierung ansteht und mit dem erfolgreichen Wiederaufbau von Teilen der Altstadt Rufe nach weiteren Rekonstruktionen lauter geworden sind, gibt es Forderungen, das Schauspielhaus, von welchem Elemente sowieso noch hinter den modernen Glasfassaden erhalten sind, in alter Form wieder aufzubauen. Entsprechende Initiativen müssten noch stärker werden, sollten diese Pläne eine Chance haben. Was es nur an der Frankfurter Oper gibt, sind die Lautsprecher am Eingang, die einem die Aufführungen mithören lassen und Appetit machen, auch mal eine mitzuerleben. Ich ging hier öfters vorbei, doch erst als ich mit dem Opernhaussammeln begonnen hatte, fand ich den Weg hinein.

Frankfurt- Papageno und Kammeroper

Mit dem Papageno gibt es in Frankfurt noch ein weiteres Musiktheater. 1997 von Hans-Dieter und Renate Maienschein brach das Zirkuszelt im Jahr 2002 nach einem starken Regen zusammen. Bis 2003 wurde an selber Stelle eine stabilere mit einer grünen Membran bespannte halbkugelförmige Stahlkonstruktion errichtet. Im November 2019 wohne ich einem gut gesungenen Puccini-Abend bei. Leider waren die 199 Plätze nur halb gefüllt. Auffallend und fast störend die akustisch deutlich bemerkbare Klimaanlage. Mit Papageno dachte ich, die Frankfurter Opernspielstätten durch zu haben, bis ich mich einen Monat später in einer Aufführung der Frankfurter Kammeroper in der Unitarischen Freien Religionsgemeinde wiederfand, deren Innenstadt- Räumlichkeiten in einen interessanten Hintergrund boten.

Wiesbaden

Wiesbaden hat eines der schönsten Opernhäuser Deutschlands. Es ist einer der wenigen Bauten der Wiener Theaterarchitekten Fellner und Helmer in Deutschland. Initiiert wurde der Bau maßgeblich durch Kaiser Wilhelm II, der oft zur Kur in Wiesbaden weilte, großes Interesse an Architektur hatte und auch bei der Eröffnung im Oktober 1894 dabei war. Der Kaiser besaß auch eine eigene Einfahrt für seine Kutsche, über die er seine Loge direkt erreichen konnte.

Im Zweiten Weltkrieg wurden mehrere Gebäudeteile durch Bomben beschädigt, einschließlich der Decke des Zuschauerraums, und in der Nachkriegszeit vereinfacht wiederaufgebaut. Das Deckenbild des Zuschauerraumes wurde 1947 vom bayerischen Künstler JoKarl Huber neugestaltet. 1973 wurde dieses Bild bei der Wiederherstellung des Originalbildes des Wiesbadener Künstler Kaspar Kögler (1838-1923) zerstört. Neben der Wiesbaden charakterisierenden Allegorie sind in Medaillons an der Decke die Portraits der Schriftsteller Shakespeare, Goethe, Schiller, Lessing, Molière, und der Komponisten Wagner, Beethoven, Mozart, Weber und Gluck zu sehen. Wie in anderen deutschen Opernhäusern fehlen die bedeutenden italienischen Opernkomponisten.

Heute ergibt sich wieder der Eindruck eines opulenten historischen Bauwerks. Vieles ist hier großzügiger ausgebildet als in anderen deutschen Theatergebäuden. Nur beim Schiller-Zitat auf der rückwärtigen Schauseite musste man an Buchstaben sparen, es ist kürzer wiedergegeben als auf anderen Häusern. Der Satzteil ‚sie sinkt mit euch, mit euch wird sie sich heben´ fehlt.

Staatstheater Darmstadt

Vom Darmstädter Hauptbahnhof kommend, gehe ich die Hügelstraße hoch, um eine Opernaufführung im Staatstheater zu besuchen. An der Hügelstraße gibt es jedoch nur eine abweisende Tiefgarageneinfahrt, das scheint nicht der richtige Weg zum Eingang zu sein. Also gehe ich auf die Parkseite. Doch das ist die Rückseite des Theaters. Dann suche ich auf der parallel zur Hügelstraße verlaufenden Sandstraße nach einem Eingang. Doch den gibt es auch dort nicht. Von dort komme ich über eine Treppe auf den Wilhelminenplatz, und da scheint endlich der Haupteingang zu sein.

Lange war selbst auf dieser Seite der Eingang nur schlecht zu finden. Das vom Darmstädter Architekten Rolf Prange entworfene, 1972 eröffnete Staatstheater war vor allem auf die Erreichbarkeit für Autofahrer ausgerichtet. Es hat eine Parkhausanmutung, wenn man es von der Hügelstraße aus betrachtet, weshalb es auch spöttisch `Drive-in-Theater´ genannt wurde. Als das Gebäude von 2002 bis 2006 vom Stuttgarter Architekturbüro *Lederer Ragnarsdottir Oei* saniert wurde, bekam es endlich ein Eingangsbauwerk, das den Haupteingang deutlicher markierte. Von dessen Balkon kann man in den Theaterpausen die Skyline Darmstadts betrachten. Die Sanierung hat weitere Beinamen provoziert. Die Messingpanele an der Außenfassade werden `Goldzähne´ genannt, eine große Sitznische im Foyer gilt als `Schweinebucht´. Eine weitere Besonderheit im Foyer: praktischerweise gibt es Schließfächer, die eine herkömmliche Garderobe ersetzen.

Gießen

Das Theater Gießen wurde 1907 vom Wiener Architektenbüro Fellner&Hellmer, für seine Opernbauten bekannt, in einem vom Jugendstil beeinflussten neo-klassizistischen Stil erbaut. In Gablonz (heute Tschechische Republik) und in Klagenfurt errichteten Fellner &Hellmer sehr ähnliche Bauten.

Im Krieg wurde der Zuschauerraum durch Brandbomben zerstört, jedoch bis 1951 in damaligem einfachem Stil wiederaufgebaut. 1978/79 stellte man bei einem Umbau das Foyer und die Kassenhalle im Originalstil wieder her. Die erneuerte Jugendstilfensterfront des Foyers ist seither ein Highlight des Gebäudes. In der im Krieg stark zerstörten und von Wiederaufbauarchitektur geprägten Stadt Gießen, wo in den 1960er Jahren Bausünden entstanden, wie eine als Elefantenklo bezeichnete Fußgängerüberführung, ist das Stadttheater eines der wenigen Architekturhighlights.

An der Fassade sind am oberen Ende von Pfeilern, die sich zwischen und neben den Fenstern befinden, sieben Gesichter zu sehen, allegorische Darstellungen, die durch darunter gesetzte Inschriften entschlüsselt werden: *Bosheit, Hohn, Lust, Satyr, Verachtung, Witz* und *Zorn*.

Kassel

Kassel besaß einst mit dem 1909 erbauten Neuen Hoftheater einen neobarocken Sandsteinbau, der mit 1450 Sitzplätzen einen der größten Theatersäle Deutschlands hatte. Im Krieg schwer beschädigt, verfiel das Gebäude in den Nachkriegsjahren und wurde 1953 unter Protesten der Kasseler Bevölkerung abgebrochen. Eine Ausschreibung für einen Neubau gewann im Jahr 1952 das Büro von Hans Scharoun, dem späteren Erbauer der Berliner Philharmonie. Doch Baugrundprobleme führten zu einem Stopp des Projektes. Beim zweiten Anlauf kam der Kasseler Architekt Paul Bode zum Zuge. Ihm gelang ein zeitlos eleganter, leichter, moderner Bau, den heute zu Documenta-Zeiten jeder passieren muss, der zur Documenta-Halle strebt.

13. Rheinland-Pfalz

Rheinland-Pfalz hat vier Millionen Einwohner und vier Opernhäuser und liegt damit, was die Opernhausdichte betrifft, im Bundesschnitt und leicht über dem westdeutschen Durchschnitt. Zwei Opernhäuser in anderen Bundesländern liegen zudem nahe der Landesgrenze (Wiesbaden und Mannheim). Die Opernhäuser von Rheinland-Pfalz spielen, was Inszenierungen und Orchester betrifft, nicht unbedingt in der ersten Liga, leisten aber solide Arbeit. Mit Koblenz gibt es nur ein erhaltenes historisches Opernhaus, die anderen Häuser sind im Wesentlichen Neubauten. Kaiserslautern hat sogar den jüngsten Opernbau Westdeutschlands. Aufgrund der Finanzsituation als gefährdet gilt nur der Opernstandort Trier. Für eine notwendige Sanierung des 1960er Jahre-Gebäudes fehlt der Stadt das Geld. Für die nächsten Jahre ist ein Weiterbetrieb jedoch gesichert.

Mainz

Mainz hatte einst das größte römische Bühnentheater nördlich der Alpen. Der von Georg Moller bis 1833 errichtete Theaterbau lehnte sich mit seinem Halbrund an das Kolosseum in Rom an, was sich selbst im heutigen Bau, nach Kriegszerstörungen eine Kombination aus Alt und Neu, im Rund seiner seiner Glaskuppel zeigt. 1989 wurde Mainz vom Stadttheater zum Staatsheater, was die Finanzgrundlage verbessert hat.

Im November 2015 fand auf dem Platz vor dem Theatergebäude eine AfD-Kundgebung gegen die Asylpolitik der Bundesregierung statt. Die Mitarbeiter des Hauses hielten mit einer Ode an die Freude und folgendem Banner an der Theaterfassade entgegen: „Es eifre jeder seiner unbestochenen von Vorurteilen freien Liebe nach!"

☞: Das Staatstheater Mainz liegt am Gutenbergplatz, durch den der 50. Breitengrad verläuft. Vor dem Opernbesuch kann man also locker noch den auf dem Boden markierten Breitengrad überschreiten.

Trier

Trier sieht sich als älteste Stadt Deutschlands. Am Theatergebäude lässt sich das jedoch nicht festmachen, denn es stammt aus den 1960er Jahren. Immerhin geht die Theatergeschichte bis auf Napoleon zurück, denn der verfügte im Jahr 1802 *`Das Kapuzinerkloster wird bestimmt zur Einrichtung eines Schauspielhauses.´*. Besonders schön ist das Theater nicht, aber doch ein wichtiger architektonischer Zeitzeuge. Allerdings hat Geldmangel auch schon zu Diskussionen einer möglichen Schließung des Opernhauses geführt. Deshalb wurde das Theater vom deutschen Kulturrat 2013 auf die Rote Liste Kultur gesetzt.

Im Theater geht es leger und gemütlich zu. Als ich im Juni 2018 das Trierer Opernhaus besuche und meine Tasche an der Garderobe abgebe, bekomme ich keine Marke, denn die Garderobenfrau merkt sich einfach mein Gesicht.

☞ 2018 stand die Stadt ganz im Zeichen des 200. Geburtstags von Karl Marx (1818-1883), der in Trier geboren wurde. Im Zentrum stand eine überlebensgroße Marx-Statue, die der Stadt von China geschenkt wurde. Marx war nie in der Trierer Oper, aber beim Namen Marx muss man dennoch an die Oper denken. Zum einen gibt es die Oper *`Marx in London´*. Zum anderen gibt es den Film *`A night at the opera´* von den Marx-Brothers (die allerdings nichts mit Karl Marx zu tun haben).

Kaiserslautern

Kaiserslauterns Bevölkerungszahl kratzt so gerade an der 100 000er Marke. Einst mit dem 1. FCK eine Fußballmetropole, wird die Stadt nicht unbedingt mit Opernaufführungen in Verbindung gebracht. Andererseits hat die Stadt eine zentrale Funktion für die Pfalz, die ja eine eigene Geschichte hat und lange zu Bayern gehörte. Auch aus Regionalproporzgründen ist Kaiserslautern somit Theater- und Opernstandort. Das Pfalztheater ist ein für die Stadtgröße recht großzügiges Gebäude, das innen behaglich solide Modernität ausstrahlt. Als es 1995 eröffnet wurde, lobte der damalige Vorsitzende des deutschen Kulturrates und ehemalige Münchner Opernintendant Horst Everding in einer Rede ausdrücklich diese Kulturinvestition.

Bei einem Besuch im März 2019 einer schwungvoll inszenierten Cenerentola macht das Publikum beim Pausendrink den Eindruck eines kulturell engagierten und interessierten lokalen Bürgertums.

Koblenz

An der Fassade des Theaters Koblenz ist zu lesen *Musis Moribus Et Publicae Laetitiae Erectum MDCCLXXXVII*, Den Musen, der Sittlichkeit und zur Freude der Öffentlichkeit errichtet 1787. Einst mit Mozarts Entführung aus dem Serail eröffnet, ist es damit eines der ältesten noch genutzten Theater und Operngebäude Deutschlands und der einzige erhaltene klassizistische Theaterbau am Mittelrhein. Im Zweiten Weltkrieg wurden weite Teile der Stadt zerstört, das Theater blieb jedoch unbeschädigt. Der Legende nach hatten zwei Hausmeister die Feuerwehr mit einem erfundenen Befehl des Gauleiters zum Theater umgeleitet, um ein Übergreifen von Bränden zu verhindern.

14. Saarland

Saarbrücken

Das Saarländische Staatstheater in Saarbrücken wurde 1937-38 nach Entwürfen von Paul Baumgarten, einem der Lieblingsarchitekten Adolf Hitlers, als Gautheater Saarpfalz erbaut. Baumgarten orientierte sich dabei an Plänen des Baurates Walter Kruspe aus den 1920er Jahren, die wiederum das erste Opernhaus Sempers in Dresden mit seiner U-Form als Vorbild hatten. Dessen Halbrund bezog sich wiederum auf das antike Marcellus-Theater in Rom. Offiziell ein Geschenk Hitlers wegen dem für das Reich positiven Ergebnis der Saarabstimmung von 1935, musste die Stadt Saarbrücken dennoch mehr als die Hälfte der Baukosten selbst finanzieren. Nach dem Willen der NS-Machthaber sollte das Theater an der Grenze des Deutschen Reiches ein Bollwerk deutscher Kultur sein. Im Oktober 1938 wurde das Theater in Anwesenheit von Adolf Hitler und Joseph Goebbels mit Wagners „Der Fliegende Holländer" eröffnet. Es gab sogar Pläne eines NS-Forums, das an das Theater anschließen sollte. Der Krieg verhinderte diese Pläne und Luftangriffe führten zu einer starken Beschädigung des Theaters. Nach dem Zweiten Weltkrieg kamen noch Wasserschäden durch Überschwemmungen hinzu. Im März 1948 konnte das Theater mit Mozarts Zauberflöte wiedereröffnet werden. Im Januar 1957 fand der Staatsakt zur Wiedereingliederung des Saarlandes in die Bundesrepublik Deutschland unter Beisein von Bundeskanzler Adenauer im Staatstheater statt. Von 1985 bis 1989 kam es zu einem Umbau durch den Architekten Gottfried Böhm, der zur selben Zeit auch die Saarbrücker Schlossanalage umbaute. Eine Blütezeit erlebte das Theater unter Intendant Wedekind (1960-75) mit dem Motto `Kunst kennt keine Grenzen´.

15. Baden-Württemberg

Das wirtschaftsstarke Bundesland Baden-Württemberg weist mit 7 Opernhäusern auf 11 Millionen Einwohner eine unterdurchschnittliche Opernhausdichte auf. Dabei gibt es große Unterschiede zwischen den beiden Landesteilen. In Baden gibt es für 5 Millionen Einwohner immerhin 5 Spielstätten mit eigenem Ensemble. Dazu kommt noch das Festspielhaus in Baden-Baden und das Schwetzinger Schloss als weiterer Festspielstandort.

In Württemberg gibt es jedoch für 6 Millionen Einwohner nur 2 Opernhäuser, in Stuttgart und Ulm. Der Regierungsbezirk Stuttgart hat dabei mit 4 Millionen Einwohnern (das sind so viele wie in Sachsen, wo es 10 Opernhäuser gibt) und einem Opernhaus eine besonders niedrige Dichte. Ob die niedrige Operndichte in Württemberg wohl am schwäbischen Pietismus liegt (die Region Mittlerer Neckar wird scherzhaft auch als *Pietcong* bezeichnet) oder an der sprichwörtlichen Sparsamkeit der Schwaben?

Andererseits ersetzt man hier Masse durch Qualität. Das Stuttgarter Opernhaus gilt als eines der besten in Deutschland und wurde von der Zeitschrift *Opernwelt* so oft wie kein anderes zum *Opernhaus des Jahres* gewählt. Ulm wiederum machte in den 1960er Jahren durch das *Ulmer Theaterwunder* auf sich aufmerksam. Im schwäbischen Heidenheim gibt es zudem ein sommerliches Opernfestival. In Baden gehört das traditionsreiche Nationaltheater Mannheims zu den führenden deutschen Opernhäusern. Baden-Baden wiederum hat die Spielstätte mit den meisten Sitzplätzen. Karlsruhe hat sich wiederum als Händelspielstätte einen Namen gemacht.

Mannheim

Trotz seines Titels wurde das Nationaltheater Mannheim bereits 1839 städtischer Verantwortung unterstellt und gilt deshalb als eines der ältesten Kommunalen Theater der Welt. 1777 als erste `deutsche Nationalschaubühne´ eröffnet, wurde hier im Januar 1782 Schillers Drama „Die Räuber" in Anwesenheit des Dichters uraufgeführt. Schiller wurde danach zu Mannheims erstem Theaterdichter.

Während einer Vorstellung von Webers „Freischütz" wurde Mannheim im September 1943 von der Royal Air Force bombardiert und das Nationaltheater zerstört.
Einen Architekturwettbewerb für einen Neubau hatte mit anderen der berühmte Bauhausarchitekt Mies van der Rohe gewonnen, der einer Aufforderung, seinen Vorschlag zu überarbeiten, aber nicht folgen wollte. So kam der Mies-Schüler Gerhard Weber schließlich zum

Zuge. Am 13. Januar 1957 wurde das Haus mit Webers „Freischütz" (die letzte im Krieg gespielte Oper) eröffnet. Zu den Besonderheiten des Theatergebäudes mit seiner einfachen Ausstattung und seinen über 1150 Sitzplätzen (sehr simple Klappplätze) im Großen Haus, gehört eine der größten Bühnen in Deutschland. Eine weitere Besonderheit ist der Weltkriegsbunker, auf dem das Gebäude steht und welcher als Lagerstätte genutzt wird. Bei der ab 2020 anstehenden Generalsanierung gilt die in den Bunker eindringende Feuchtigkeit als eines der Hauptprobleme. Mannheim gehört heute zu den führenden Häusern in Deutschland. 2013 bekam das Nationaltheater von den Kritikern der Opernwelt die Auszeichnung „Chor des Jahres", 2014 zusammen mit Frankfurt „Opernhaus des Jahres". Bei meinem Besuch im Herbst 2018 geht es locker zu. Ich erreiche das Opernhaus erst 15 Minuten nach Vorstellungsbeginn, werde aber ohne Probleme auf einen der hinteren Plätze verwiesen, damit eine Türöffnung weiter hinten die Vorstellung nicht stört.

Heidelberg

Anders als bei vielen anderen Spielstätten in Baden-Württemberg ist für das vom Zweiten Weltkrieg verschonte Heidelberg auch keine Kriegszerstörung des Theaters zu vermelden. Sanierungs- und Umbaubedarf gab es trotzdem immer wieder, zuletzt wurde es 2006-2009 wegen baulicher Mängel geschlossen. Wodurch sich Heidelberg auszeichnet, ist großes bürgerliches Engagement; von den Gesamtkosten der Sanierung von 60 Millionen Euro kamen allein 19 Millionen durch Spenden herein, darunter 15 Millionen durch eine Großspende. Die Resonanz beim Publikum ist gut, die Auslastung liegt mit über 80% relativ hoch. Heidelberg erhält bei Kritikerumfragen in Fachzeitschriften immer wieder Nennungen, darunter für überzeugende Theaterarbeit abseits der großen Zentren.

Pforzheim

Das badische Pforzheim ist eine der Städte, die im Zweiten Weltkrieg am stärksten zerstört wurden. Auch vom Alten Pforzheimer Stadttheater an der Westlichen Karl-Friedrich-Straße blieb nicht mehr viel übrig. In Pforzheim dauerte es jedoch viel länger als in anderen Städten, bis eine neu erbaute Spielstätte eingeweiht werden konnte. Lange wurde in provisorischen Räumen wie Turnhallen gespielt. Erst im Jahr 1990 konnte im Zentrum, direkt am Fluss Enz, ein Neubau des Architekten Bodo Fleischer realisiert werden.

Die Architektur dieses Theaters mit seiner unübersichtlichen Kubatur, dem Dächergewirr und seiner Provinzstadthallenanmutung, gehört nicht gerade zu den Highlights des deutschen Theaterbauwesens.

Heute ist das Theater in Pforzheim durch eine relativ geringe Auslastung von knapp über 50% und sinkende Zuschauerzahlen gekennzeichnet. An diesem Trend hatte auch eine Dreifachspitze aus Opern-, Schauspiel- und Verwaltungsdirektor, die bundesweit als *Pforzheimer Theatermodell* bekannt wurde, nichts geändert, weshalb man ab 2015/16 wieder eine Doppelspitze mit Intendant und Verwaltungsdirektor einführte.

Baden-Baden- Festspielhaus im Bahnhof

Das 1998 eröffnete Festspielhaus Baden-Baden ist mit 2500 Zuschauerplätzen Deutschlands größtes Opernhaus und auch eines der größten Europas. Da es kein eigenes Ensemble hat, zählt es jedoch nicht zu den Opernhäusern im engeren Sinne. Eine Besonderheit ist auch die Finanzierung über eine private Stiftung. Oft wird es als einziges Opernhaus bezeichnet, das ohne Subventionen auskommt. Das stimmt jedoch nicht ganz, denn die öffentliche Hand beteiligt sich an Miete und Instandhaltung des Gebäudes. Die Kostendeckung ist dennoch deutlich höher als in öffentlichen Häusern. Karten und andere Erlöse tragen etwa Zwei Drittel der jährlichen Kosten von etwa 20 Millionen Euro, ein Drittel wird durch privates Sponsoring und Spenden finanziert. Und öffentliche Gelder tragen wie gesagt dazu bei, dass die Kosten begrenzt bleiben. Eine Besonderheit ist die Architektur des Festspielhauses. Der 1845 erbaute und 1977 stillgelegte alte Stadtbahnhof dient als Eingangsbereich. Über dem Kassenschalter ist hier noch `Fahrkarten´ zu lesen. Der restaurierte opulente Eingangsbereich des Bahnhofs der reichen Kurstadt ist mit seinen Deckengemälden eines Opernhauses durchaus würdig. Hinter dem Empfangsgebäude des Bahnhofs, auf dem ehemaligen Gleisfeld, befindet sich der moderne Neubau mit seinem riesigen Zuschauersaal.

☞ In Baden-Baden verbrachte der französische Komponist Pierre Boulez (1925-2016) seine letzten Jahrzehnte. Boulez, ein Vertreter der musikalischen Avantgarde, sagte 1967 in einem Spiegel-Interview provokativ `*Sprengt die Opernhäuser in die Luft´*, um die Musik von ihrer Verhaftung an die Vergangenheit zu lösen. Sein Standpunkt: eine Kultur, die nicht mit ihren Traditionen bricht, stirbt. Nun war es ausgerechnet Boulez´ Wohnort Baden-Baden, wo, statt eines zu sprengen, ein neues Opernhaus gebaut wurde.

Stuttgart

Das Staatstheater Stuttgart ist eine Art „Bayern München der deutschen Opernlandschaft". Seit 1992 wählte es die Zeitschrift *Opernwelt* bereits sieben Mal zum Opernhaus des Jahres, der Chor wurde seit 1998 bereits elf Mal zum Chor des Jahres gewählt, darunter von 1998 bis 2003 sechs Mal hintereinander. Im März 2018 sehe ich hier Donizettis Don Pasquale und die moderne Inszenierung, alle Sänger in heutigem Habitus der jüngeren Generation gekleidet, fällt gleich auf.

Der österreichische Regisseur und Intendant Max Reinhardt bezeichnete das vom Architekten Max Littmann entworfene und 1912 fertig gestellte Theatergebäude als *das schönste Theater der Welt*. Während das Große Haus (das Opernhaus) den Zweiten Weltkrieg nahezu unbeschadet überstand, wurde das Schauspielhaus (das Kleine Haus) im Krieg zerstört.
Nach einer Modernisierung im Jahr 1956 wurde es 1983/84 wieder in die ursprüngliche Form zurückversetzt. Doch manche Probleme konnten noch nicht angegangen werden. Im dritten Rang ist es beispielsweise so warm, dass ihn der Volksmund als Zwetschgendörre (Anlage zum Pflaumentrocknen) bezeichnet. Mittlerweile steht eine weitere Sanierungsrunde an, die mindestens 100 Millionen Euro kosten wird und 5 bis 8 Jahre dauern soll. Eine Ausweichspielstätte wird noch gesucht. Aus Nordbaden kommen sogar Vorschläge, dafür das Festspielhaus von Baden-Baden zu nutzen. Man kann wie bei anderen Großprojekten sicher sein, dass Kosten und Zeitpläne nicht eingehalten werden. Gleichzeitig dauert der Bau des Bahnhofsprojekts Stuttgart 21 immer noch an. Es ist zu hoffen, dass Stuttgart in Zukunft nicht gleichzeitig unter zwei Großprojekten leiden wird.

Ulm

Ulm ist stolz darauf, das älteste städtische Theater Deutschlands zu haben, es wurde bereits 1641, also noch während des Dreißigjährigen Kriegs, gegründet. Seine Hauptspielstätte ist aber relativ neu, das Theatergebäude wurde ab 1966 nach Plänen von Fritz Schäfer erbaut und im Oktober 1969 eröffnet. Das alte Theater, hier hatte Herbert von Karajan 1929-1934 sein erstes Engagement als Kapellmeister, war im Zweiten Weltkrieg fast völlig zerstört worden. Die Eröffnung markierte allerdings fast auch ein Ende eines kulturellen Höhenfluges der oberschwäbischen Stadt. Denn 1968 wurde die einflussreiche Hochschule für Gestaltung geschlossen. 1962 schon hatte der bedeutende Schauspieler und Intendant Kurt Hübner, der mit dem Regisseur Peter Zadek und dem Bühnenbildner Wilfried Minks in Ulm neue Akzente setzte, die Stadt Richtung Bremen verlassen. Dort schuf er mit den Regisseuren Peter Zadek und Peter Palitzsch und dem Bühnenbildner Wilfried Minks, die ihm aus Ulm gefolgt waren, den damals berühmten Bremer Stil. Nach Hüberns Weggang schrieb Ulm unter Intendant Ulrich Brecht zunächst weiter Theatergeschichte, so in einem Stück im Jahr 1963, als erstmals der Orchestergraben als Barriere überwunden wurde und die Zuschauer den Fortgang der Handlung bestimmen durften.

Freiburg

Das Theater Freiburg wurde 1905 nach Plänen des Berliner Architekten Heinrich Seeling errichtet. Im Zweiten Weltkrieg wurde es durch Bombenangriffe schwer beschädigt und bis 1949 vereinfacht wiederaufgebaut. Der Oberbürgermeister Hoffmann hatte durch eigene Klavierkonzerte für den Wiederaufbau geworben und damit sogar die damals große Summe von 120 000 Mark für den Wiederaufbau eingespielt. Der im Krieg erhalten gebliebene Jungendstil-Schaugiebel wurde erst bei einem Umbau im Jahr 1962, bei welchem unter dem Dach eine Probebühne errichtet wurde, entfernt. Seither schließt die Schauseite eigentlich etwas zu flach ab. Aber im Laufe der Zeit gab es noch weitere Änderungen. 1973 wurde an der Westfront ein Wandbild mit Emaillefarben auf Metallplatten des Künstler Horst Antes angebracht. 1996 wanderte das Bild ins Depot, weil an dieser Seite ein Anbau entstand, der von einem Kino genutzt wurde. Zum

75. Geburtstag des Künstlers im Jahr 2011 gab es Diskussionen, was mit diesem Kulturschatz geschehen sollte. Seit Oktober 2010 ragte der Schriftzug „Heart of the City" über dem Eingangsportal. Die Buchstaben leuchteten nachts so, dass im Wechsel `Heart´ und `Art' zu lesen war. Nach Intendanzwechsel von Barbara Mundel zu Peter Carp wurden diese Buchstaben zur Saison 2017/18 wieder abgenommen und durch THEATER FREIBURG ersetzt.

Karlsruhe

Im Februar 1847 brach im Großherzoglichen Hoftheater in Karlsruhe, ein Friedrich Weinbauer-Bau aus dem Jahre 1808, ein Feuer aus. 63 Zuschauer kamen ums Leben, was zu Änderungen von Bauvorschriften für öffentliche Gebäude führte. Der 1853 vom Hofarchitekten Heinrich

Hübsch erbaute Nachfolgebau brannte nach einem Fliegerangriff im September 1944 aus. Die Ruine blieb bis in die 1960er Jahre stehen. Zuerst entschied man sich für einen Neubau an selber Stelle, stellte das Gelände dann aber für einen Neubau des Bundesverfassungsgerichtes zur Verfügung, um dieses in Karlsruhe zu halten. Von 1970 bis 1975 wurde dann unmittelbar südlich des Stadtzentrums, wo einst der erste Karlsruher Bahnhof gestanden hatte, ein Neubau des Karlsruher Architekten Helmut Bätzner errichtet. Mittlerweile sind die grauen Betonquader in die Jahre gekommen, eine Generalsanierung steht an, inklusive des Neubaus des Schauspielhauses. Die Sanierung soll ab 2019 schrittweise geschehen, so dass der Spielbetrieb an den bestehenden Örtlichkeiten aufrechterhalten werden kann.

Anders als das Opernhaus der Landeshauptstadt Stuttgart spielt Karlsruhe heute bundesweit nicht in der ersten Liga. Das war jedoch einst anders. 1863 leitete Richard Wagner zwei Konzerte in Karlsruhe und hätte sich um ein Haar in der Residenzstadt niedergelassen. Anfang des 20. Jahrhunderts machte Generaldirektor Felix Mottl Karlsruhe zur führenden Opernstadt in Deutschland, Karlsruher Sänger waren europaweit bekannt.
Heute macht das Staatstheater mit den jährlich stattfindenden Händelfestspielen auf sich aufmerksam. Zwar gibt es keine biographische Verbindung des in Halle an der Saale geborenen und in London gestorbenen Georg Friedrich Händel mit Karlsruhe, jedoch ist Karlsruhe Sitz der Internationalen Händel-Akademie.

Schwetzingen

In der gut erhaltenen barocken Schlossanlage von Schwetzingen, einer unweit von Mannheim und Heidelberg gelegenen Kleinstadt, finden jedes Jahr im

April die SWR-Festspiele statt. Dabei werden vor allem selten gespielte Opern aufgeführt. Als ich im April 2018 die Festspiele alleine besuche, habe ich zwei Karten dabei. Ein Franzose aus Straßburg nimmt mir schließlich eine Karte ab. Er kennt sich gut mit der Opernlandschaft rechts des Rheins aus. Im Elsass gibt es zwar drei Spielstätten- in Straßburg, Colmar und Mülhausen. Das Programm ist dort jedoch relativ dünn. Auf der deutschen Rheinseite konkurrieren dagegen Mannheim, Heidelberg, Baden-Baden und Freiburg um Opern- und Klassikfans. Durch Kriegszerstörungen handelt es sich meist um Nachkriegsbauten. Das Schwetzinger Schloss kann dagegen mit dem ältesten erhaltenen Rangtheater weltweit und dem ältesten Theater Baden-Württembergs aufwarten.

Isny

Als ich vor ein paar Jahren anfing, Opernaufführungen zu sammeln, stellte ich zu meinem Erstaunen fest, dass sogar meine winzige Heimatstadt Isny ein sommerliches Opernfestival organisiert. Leider wurde ich bei einem Besuch der Strauss-Oper `Ariadne auf Naxos´ Opfer der abgelegenen Lage Isnys, denn der Zug zum nächsten Bahnhof Leutkirch war verspätet und von dort musste ich auch noch ein Taxi nehmen. Ich konnte deshalb nur die letzten 30 Minuten der gesanglich durchaus beeindruckenden Freilichtaufführung in der Fußgängerzone vor dem Rathaus Isnys miterleben.

16. Bayern

Bayern weist mit 9 Opernhäusern und 12 Millionen Einwohnern eine leicht unter dem bundesdeutschen Schnitt liegende Operndichte auf. Hier achtet man sehr auf den Regionalproporz und so hat jeder der sieben Regierungsbezirke mindestens ein Opernhaus mit Ensemble. Zwei Regierungsbezirke haben jedoch zwei Opernhäuser: Oberbayern mit seinen fast 5 Millionen Einwohnern der weitaus größte Regierungsbezirk (mit 2 Häusern in München, Nationaltheater und Gärtnerplatztheater, dazu kommen allerdings weitere Spielstätten wie das Residenztheater und das Cuivilliés-Theater) und Oberfranken (Coburg und Hof). Da Oberfranken nur eine Million Einwohner hat, hat es die höchste Opernhausdichte in Bayern. Noch höher liegt sie, wenn man die beiden Häuser in Bayreuth, die kein eigenes Ensemble haben, dazu nimmt. Bayern ist finanz- und wachstumsstark und so ist keines seiner Opernhäuser gefährdet, notfalls greift ihnen der Freistaat allein schon aus strukturpolitischen Gründen unter die Arme. Der neue Ministerpräsident Söder achtet dabei darauf, dass Franken seinen Teil abbekommt.

Bayreuth - Markgräfliches Opernhaus

Oberfranken hat mit vier Opernhäusern auf 1 Million Einwohner (davon allerdings nur zwei mit Ensemble) eine für Westdeutschland hohe Operndichte. Vielleicht sollte der Regierungsbezirk in *Operfranken* umbenannt werden.

Das 1748 eingeweihte Markgräfliche Opernhaus in Bayreuth gehört zu den wenigen erhaltenen Opernbauten aus dieser Zeit in Europa. Im Juni 2012 nahm die UNESCO das Gebäude in die Liste des Weltkulturerbes auf. Obwohl das Logentheater ganz aus Holz gefertigt ist, brannte es nie ab. Ein Grund dafür war die Tatsache, dass es nur selten bespielt wurde. Das war unter der Markgräfin Friederike Sophie Wilhelmine (1709-1758), einer Schwester Friedrich des Großen, noch anders. Wilhelmine war sowohl Opernkomponistin als auch Librettistin und ihre Werke wurden in Bayreuth auch aufgeführt. 20 Jahre leitete sie die Bayreuther Oper. Nach ihrem Tod im Jahre 1758, 10 Jahre nach der Eröffnung des neuen Opernhauses, wurde der Spielbetrieb reduziert. Nach dem Tod ihres Ehemanns fünf Jahre später wurden mehrere Jahre keine Aufführungen mehr gegeben. Trotzdem sprach sich die Größe der Bühne rum.

Der Berliner Schriftsteller Wilhelm Heinrich Wackenroder (1773-1798), Mitgründer der Deutschen Romantik, schrieb zum Beispiel in einem Reisebericht über Bayreuth:

Ein Opernhaus, das wohl fast so groß als das Berliner Opernhaus und als eines der größten und prächtigsten Opernhäuser in der Welt berufen ist.

Richard Wagner wurde durch ein Konversationslexikon auf die große Bühne aufmerksam und dachte, dort seine Werke aufführen zu können.

Bayreuth- das Festspielhaus

Bayreuth ist eine Mittelstadt mit gleich zwei Opernhäusern, allerdings beide ohne Ensemble. Das Markgräfliche Opernhaus, heute auf der UNESCO Liste des Weltkulturerbes, war der Grund, weshalb für Wagner der Opernstandort Bayreuth überhaupt in Frage kam. Doch der Zuschauerraum des Markgräflichen Theaters war zu klein. Durch seine Erkundungen hatte Wagner jedoch gefallen an der Stadt gefunden und er fing an, einen Neubau zu planen. Bayreuth überließ ihm schließlich ein Grundstück am Grünen Hügel. Architekt war Otto Brückwald, jedoch wurden viele Ideen von Gottfried

Sempers Plan für ein Wagner-Opernhaus in München, welches nie realisiert wurde, umgesetzt. Angeblich soll Wagner in seinen Planungen auch vom Rigaer Opernhaus inspiriert worden sein, welches er als Kapellmeister in Riga 1837-39 kennengelernt hatte. Im Mai 1872 wurde in Bayreuth der Grundstein gelegt, im August 1876 wurde das Schauspielhaus mit der Oper „Rheingold" eröffnet.

Das Besondere an der Bayreuther Spielstätte ist der abgedeckte Orchestergraben, das Orchester bleibt für die Zuschauer so unsichtbar. Trotz dieser Abdeckung wird die Akustik des Saales als einzigartig beschrieben. Allerdings gibt es auch problematische Effekte, wie eine Abstrahlung des auf die Bühne gerichteten Klangs durch die Vorhänge oder eine Reflektion durch die einfachen Holzstühle. Was dem eingefleischten Wagnerianer gefällt, ist also nicht jedermanns Sache. Wagnerianer fühlen sich dennoch durch ein Nietzsche-Zitat bestätigt:

Irgendwann sitzen wir alle in Bayreuth zusammen und fragen uns, wie wir es nur irgendwo anders aushalten konnten.

Bayreuth und die moderne Sage

Zum Festspielhaus gibt es folgende städtische Sage.
Für die Oper „Siegfried" wurde einst aus England ein mechanischer Drache bestellt. Beim Zusammenbau der Teile stellte man fest, dass ein Halsstück fehlte. Dieses war versehentlich ins namensähnliche libanesische Beirut (französisch Beyrouth) geliefert worden.

Coburg

Coburg gehört zu den Mittelstädten, die als ehemalige Residenzstadt, in diesem Fall der Herzöge von Sachsen-Coburg, eine lange Theatertradition aufweisen und auch ein Opernhaus besitzen. Das Theatergebäude wurde 1840 nach Plänen von Carl Balthasar Harres erbaut. Nach dem 1. Weltkrieg und der Abdankung des Adels übernahm der Freistaat Coburg das Opernhaus. 1920 kam Coburg zu Bayern und Bayern übernahm alle Verpflichtungen, auch die einer Mitfinanzierung, und gab eine bis heute gültige Bestandsgarantie ab. Im Krieg unzerstört geblieben, liegt die letzte Sanierung schon fast 50 Jahre zurück. Zudem gab es im Jahr 2013 einen Wasserschaden. Der Sanierungsstau ist mittlerweile so hoch, dass das Theater bald geschlossen werden soll. Ausweichspielstätten werden immer noch diskutiert. Ein Vorschlag sieht einen temporären Holzbau in Form des britischen Globe-Theaters vor. Als ich das Opernhaus im Juli 2018 besuche, kann ich mich noch am historischen Zuschauerraum und am Foyer im Spiegelsaal erfreuen.

Hof

In Hof gab es kein prächtiges historisches Theatergebäude, welches nach dem Krieg wiederaufgebaut oder ersetzt werden musste. Eine eher bescheidene Spielstätte in der Schützenstraße überstand den Krieg unbeschadet. Diese Spielstätte erwies sich aber in den 1980er Jahren zunehmend als baulich, technisch und betrieblich ungeeignet. Im Jahr 1986 folgte eine Ausschreibung und im Jahr 1990 wurde der Beschluss gefasst, ein neues Theater am Stadtrand gegenüber der Freiheitshalle zu errichten. Im September 1994 konnte der Neubau schließlich eröffnet werden. Am Boden des überdachten Wegs zum Haupteingang findet sich eine Installation des US-Konzeptkünstlers Joseph Kosuth (*1945). Unter Glas und in Neonschrift in den Boden eingelassen, kann man hier folgendes Goethe-Zitat lesen:

Genau aber genommen, so ist nichts theatralisch als was für die Augen zugleich symbolisch ist, eine wichtige Handlung, die auf eine noch wichtigere hindeutet.

Heute, ein Vierteljahrhundert nach der Eröffnung, steht eine Sanierungsrunde an und man überlegt, während der Übergangszeit in Zelten am alten Standort zu spielen um dessen Infrastruktur wie Parkplätze und Hotels nutzen zu können.

Würzburg

Nachdem das neben dem ehemaligen Ludwigsbahnhof gelegene Würzburger Theater, wie große Teile der Stadt, bei einem Fliegerangriff im März 1945 zerstört worden war, wurde im Dezember 1966 ein Neubau an der Stelle des ehemaligen Ludwigsbahnhofs, einem 1868 stillgelegten Kopfbahnhof, errichtet. 1970 wurde vor dem Theater eine Metallwürfel-Struktur als erste kinetische Großplastik in Deutschland aufgestellt. Die Makrokern 170 betitelte Skulptur stammt vom Düsseldorfer Künstler Karl-Ludwig Schmaltz. Ursprünglich gab es im Inneren des Würfels bewegliche Rhomben. Nach wiederholtem Vandalismus wurden diese nicht mehr ersetzt. Im Volksmund heißt die Skulptur Theaterwürfel. Mittlerweile ist der Theaterwürfel verschwunden, denn eine Sanierung des Opernhauses, die unter laufendem Betrieb stattfinden soll, steht an.

Nürnberg

Das Nürnberger Stadttheater wurde 1905 an Stelle eines abgerissenen Krankenhauses vom bedeutenden Theaterarchitekten Heinrich Seeling (1852-1932) im Jugendstil errichtet.
Anfänglich litt die Oper en einem veralteten Pachtsystem, das zu einer niedrigen Aufführungsqualität führte. Der Komponist Richard Strauss meinte in einem Brief an den Oberbürgermeister im Jahr 1911, er hätte in fast der ganzen zivilisierten Welt dirigiert, aber nur in Lemberg in

Galizien hätte er ein schlechteres Orchester vorgefunden. Zum 25. Jubiläum im Jahr 1930 klang Strauss versöhnlicher: „*Nürnberg hat ein erstklassiges Musiktheater*". Nach 1933 spielte das Opernhaus eine wichtige Rolle in der NS-Propaganda. Hitler ließ das Opernhaus umbauen. Jugendstilelemente und Stuck wurden entfernt, um besser dem NS-Stil zu entsprechen. Bis 1938 wurden alle in Nürnberg stattfindenden Reichsparteitage mit der Oper „Die Meistersinger von Nürnberg" eröffnet und die Götterdämmerung war die letzte Vorstellung vor der kriegsbedingten Schließung im Jahr 1944.

Dreißig Jahre später machte der Opernregisseur Hans Neuenfels mit der Verdi-Oper „Troubadour" auf sich aufmerksam, für manche ein Theaterskandal, für andere stand er dadurch an der Speerspitze der Inszenierungsrevolution.

Regensburg

Die Geschichte des Theaters von Regensburg verlief relativ ereignislos. Nach einem Brand im Jahre 1849, den man vergeblich mit Eimerketten und Wasser aus der nahen Donau zu löschen versuchte, wurde das Stadttheater von Regensburg ab 1851 wiederaufgebaut und 1852 mit Giacomo Meyerbeers Hugenotten wiedereröffnet. Regensburg, heute auf der UNESCO-Welterbeliste, und sein Theater blieben im Krieg unzerstört. In den modernisierungs-bewegten 1950er und 1960er Jahren wurde ein Abriss und Neubau diskutiert, doch es kam lediglich zu einer Sanierung. End der neunziger Jahre folgte eine umfassende Sanierung und heute zählt es zu den schönsten Theatern Bayerns. Zum ersten Mal sah ich in diesem Operngebäude im Eingangsbereich ein Kreuz an der Wand hängen. Ob das wohl eine Folge des `Kruzifix-Beschlusses´ der bayerischen Landesregierung war?

Passau

Als im November 1783 das Fürstbischöfliche Opernhaus in Passau eröffnete, war es eines der ersten deutschen Residenztheater, das die Untertanen gegen Eintritt betreten konnten. Im Krieg blieben Passau und das Theater unzerstört. Als es 1959 bis Anfang der 1960er Jahre kernrestauriert wurde, beseitigte man nicht, wie woanders, Kriegsschäden, sondern die baulichen Veränderungen des 19. Jahrhunderts. Im Juni 2013 kam es durch Hochwasser, dem die Dreiflüssestadt immer wieder ausgesetzt ist, das Opernhaus liegt unweit vom Inn, zu einer Überflutung des Parketts und des Orchestergrabens, was größere Schäden verursachte. Dennoch konnte der Spielbetrieb schnell wiederaufgenommen werden.

München - Nationaltheater

Das Nationaltheater in München ist die Opernspielstätte in Deutschland, welche am Hauptstädtischsten wirkt. Mit 2500 m^2 hat das Nationaltheater die größte Opernbühne Deutschlands und die drittgrößte in Europa. Mit 2100 Sitzplätzen steht das Nationaltheater auch beim Fassungsvermögen an der Spitze. Zudem ist es das Opernhaus, das finanziell am besten ausgestattet ist. Es wird nicht nur durch den bayrischen Staat unterstützt, sondern auch von finanzstarken Privatsponsoren wie BMW. Der klassizistische Bau des Architekten Karl von Fischer wurde 1818 erstmals eröffnet, nachdem ein Brand im Vorjahr einen Teil des Neubaus zerstört hatte. 1823 brannte das Theater bis auf die Grundmauern nieder und wurde 1825, durch den Architekten Leon von Klenze um eine Säulenhalle ergänzt, wiedereröffnet. Im Oktober 1944 wurde das Opernhaus bei einem Fliegerangriff bis auf die Außenmauern zerstört. Von 1958 bis 1962 wurde es wiederaufgebaut, auch mit Spenden der Bevölkerung.

Unter den Premierengästen im November 1963 waren so illustre Namen wie der Schah von Persien, seine Ex-Ehefrau Soraya, der damalige bayrische Ministerpräsident Alfons Goppel, Franz Josef Strauß, der Dirigent Herbert von Karajan und die Schauspieler Curd Jürgens und Maximilian Schell.

München - Gärtnerplatztheater

Das Staatstheater am nach dem Architekten Friedrich von Gärtner benannten Gärtnerplatz wurde 1865 eröffnet, im Krieg leicht beschädigt und 1948 wiedereröffnet. Es gehört von der äußeren Anmutung und auch was den Zuschauersaal betrifft zu den schönsten Opernhäusern Deutschlands.

Nach einer Generalsanierung 2012-2017 kann es jetzt wieder in frischer Pracht erlebt werden. Als ich es im Dezember 2018 besuche, um Hänsel und Gretel zu sehen, bin ich ganz erstaunt von der Pracht und den vielen Rängen. Als ich das einem Opernfreund erzähle, besucht der ebenfalls das Opernhaus und ist genauso beeindruckt.

Pracht des Gärtnerplatztheaters

Neuburg

Als ich im Sommer 2019 das Stadttheater von Neuburg an der Donau besuche bin ich zunächst von der barocken Schönheit der Altstadt und ihrer Lage auf einem Hügel über der Donau beeindruckt, dann vom Theaterinterieur und schließlich von der unterhaltsamen Inszenierung von Ferdinand Herolds `Der tote Dichter lebt´. Ich beschließe, wieder zu kommen. Jedes Jahr im Juni werden von der Neuburger Kammeroper selten gespielte Stücke aufgeführt.

Augsburg

Das Große Haus des Theaters Augsburg wurde von den Wiener Theaterarchitekten Fellner und Hellmer entworfen und im November 1877 mit Beethovens Fidelio eröffnet.

Adolf Hitler initiierte 1937 einen Umbau, der durch den Architekten Paul Baumgarten durchgeführt und 1939 eröffnet wurde. Im Februar 1944 wurde das Theater durch einen britischen Luftangriff zerstört. Von 1952 bis 1956 wurde das Theater vereinfacht wiederaufgebaut und die erhalten gebliebene Ornamentik der Fassade entfernt. Innen wurde das Theater im Stil der fünfziger Jahre gestaltet.

1992 wurde auf dem Platz vor dem Theater die Plastik *Ostern* von Matschinsky-Denninghof aufgestellt. Viele Augsburger haben sich nie damit angefreundet und meinen, diese beeinträchtige den Blick auf das Theater.

Im Jahre 2016 wurde das Theater für einen Umbau geschlossen. Die Wiedereröffnung wird wohl nicht vor dem Jahr 2023 stattfinden, da unter anderem schwere Brandschutzmängel zu beseitigen sind. Ausweichspielstätte ist ein zum Theatersaal umgebauter Raum im Martini-Park.

Augsburg - Bertolt Brecht und Harald Schmidt

Bertolt Brecht, 1898 in Augsburg geboren, war regelmäßig Gast im Theater. Ende 1920 soll Brecht dort so begeistert von der österreichischen Opernsängerin Marianne Zoff gewesen sein, dass er nach der Aufführung in die Garderobe kam und ihr Komplimente machte. Er bot ihr eine Beziehung an, obwohl er und Zoff zu der Zeit anderweitig liiert waren. Nach zwei Schwangerschaften von Zoff heiratete Brecht sie im November 1922 in München. Dazu passend Brechts angeblicher Spruch, *Das Beste an Augsburg ist der D-Zug nach München.*

Der TV-Entertainer Harald Schmidt hatte sein erstes Engagement 1981-1984 an den Städtischen Bühnen in Augsburg. Auf diese Zeit bezog er sich in einem bösen Witz, den er in der Sendung *Schmidteinander* auf Kosten seines Assistenten Harald Feuerstein machte. Er meinte, dieser erinnere ihn an die Theaterkantine Augsburg: `*80 Kilo altes Fett´*. Es ist zu hoffen, dass diese jetzt auch saniert wird.

Lindaus Marionettenoper

Im bayerischen Regierungsbezirk Schwaben gibt es nur ein Opernhaus, in Augsburg. Gleichzeitig hat Schwaben auch eine gewisse Puppenspieltradition, die Augsburger Puppenkiste ist überregional bekannt. In Mering bei Augsburg gibt es ein Papiertheater mit zweidimensionalen Papierfiguren. Lindau im Bodensee hat wiederum eine Marionettenoper.
Der Oberbayer Bernhard Lesimüller war schon als Kind von Marionetten und Musiktheater fasziniert. In Bad Tölz lernte er sein Handwerk und hat mittlerweile mehr als 500 Marionetten zusammengebaut. Als er eine

Kombination von Marionetten und Musiktheater aufbauen wollte, schrieb er ein Dutzend bayerische Städte an. Lindau war bereit, das Projekt zu unterstützen und Räumlichkeiten gratis zur Verfügung zu stellen, denn solche Aufführungen spielen höchstens die Personalkosten ein.

Die Lindauer Marionettenoper wurde 2000 gegründet, nutzt heute einen eigenen Saal im Stadttheater. Die Zuschauerzahlen steigen kontinuierlich, von anfangs oft weniger als 10 Besuchern auf heute über 100 pro Aufführung, was einer Auslastung von 96% der 110 Plätze bedeutet und der Einzugsbereich wird immer größer.

Mering und das Papiertheater

Im Frühjahr 2010 gründeten Benno Mitschka und Christine Schenk in München das *Multum in Parvo* Papiertheater. Die hohen Fixkosten und Immobilienpreise in der Landeshauptstadt zwangen sie aber bald, nach einem günstigeren Standort Ausschau zu halten. Dieser fand sich dann in Mering bei Augsburg, wo man bis 2012 einen Showroom entwickelte. Durch Zufall fiel das Opening mit der Eröffnung des nahen Meringer Kreisels zusammen. Auswärtige Gäste wunderten sich über den riesigen Aufwand mit großem Festzelt, bis sie aufgeklärt wurden, dass dieses für die Eröffnung des Kreisels aufgestellt worden war. Das Festzelt führte dann jedoch auch etliche Besucher ins Papiertheater.

Danach dauerte es noch zwei Jahre, bis im September 2014 in `Deutschlands kleinstem Opernhaus´ die erste Papiertheater-Aufführung stattfinden konnte.

In den Räumlichkeiten war vorher ein Tante-Emma-Laden und später ein China-Restaurant. Letzteres passte zur Turandot-Aufführung, der ich beiwohnte. Als ich die Bilder der winzigen Bühne im Internet poste, löste dies manchen Smiley aus verbunden mit Kommentaren wie `Best opera house I have ever seen´☺.

ANHANG

1. Beinamen

1.1 Beinamen von Opernhäusern, Philharmonien

Gebäude	Beiname
Berlin, Deutsche Oper	Sing-Sing
Berlin, Staatsoper	Lindenoper
Darmstadt, Staatstheater	Drive-in-Theater
Dresden, Semper-Oper	Radeberger Brauerei
Essen, Aalto-Theater	Das Aalto
Görlitz	Kleine Semper-Oper
Köln, Oper	Grabmal des unbekannten Intendanten
Mettmann, Stadthalle	Laubfroschoper
Erl, Festspielhaus	12-Apostel-Silo Operntarnkappenbomber
Wien, Staatsoper	Versunkene Kiste
Zürich, Opernhaus-Anbau	Fleischkäse
Amsterdam, Opernhaus	Stopera
Göteborg, Opernhaus	Sing-Sing
Massy, Opernhaus	Opéra au milieu des HLM
Lyon, Opernhaus	Opéra Nouvel
St. Petersburg, Marinsky, Perrault-Projekt	Goldene Kartoffel
Odessa, Opernhaus	Wiener Torte
Tacoma, Oper	Faustspielhaus
New York, frühere Metropolitan Oper	Yellow Brick Brewery
Peking, Nationaltheater	Das Ei, Riesenei
Seoul, Opernhaus	Großer Hut
Sydney, Opernhaus	Offene Auster Ertrinkende Nonnen Nonnen im Gedränge Nonnen beim Rugbyspielen Dänisches Törtchen Zirkuszelt im Sturm Sich liebende Schildkröten Oper von Norwegen

1.2 Beinamen von Opernspielorten

Ort	Beiname
Chemnitz	Bayreuth des Nordens
Rheinsberg	Bayreuth des Nordens
Monschau	Verona des Nordens
Spanga (NL)	Verona von Weststellingswerf
Xanten (Sommerfestspiele)	Verona des Nordens

1.3 Beinamen von Komponisten

Komponist	Beiname
Puccini (1858-1924)	Verdi des kleinen Mannes (Kurt Tucholsky)
Lehar (1870-1948)	Puccini des kleinen Mannes (Kurt Tucholsky)
Vinzenco Bellini (1801-1834)	Schwan von Catania (…)
Jacques Offenbach (1819-1880)	Mozart der Champs-Elysées (Rossini)
Ludwig A. Kunzen (1761-1817)	Mozart des Nordens (…)
Thomas Linely (1756-1778)	Englischer Mozart (…)
Joseph Martin Kraus (1756-1792)	Mozart des Nordens Der Odenwälder Mozart
Frédéric Chopin (1810-1849)	Der kleine Mozart Polens
Erich Wolfgang Korngold (1897-1957)	Der kleine Mozart
Juan Crisostomo de Arriaga (1806-1826)	Spanischer Mozart

1.4 Ausdrücke für Theaterphänomene

Phänomen	Zeit	Protagonisten
Ulmer Theaterwunder	1958-1970	Wilfried Minks Peter Zadek Kurt Hübner Peter Stein Rainer Werner Fassbinder
Bremer Stil	1962-1973	Kurt Hübner Peter Zadek Wilfired Minks Peter Palitzsch
Stuttgarter Ballettwunder	1961-1973	John Cranko
Bielefelder Opernwunder	*1978-1995*	Heiner Bruns (Intendant) John Dew (Operndirektor) Alexander Gruber (Dramaturg) Gottfried Pilz (Bühnenbildner) Rainer Koch (Generalmusikdirektor)
Kölner Opernelend	2012-	Kölner Kulturpolitik Entlassung des Intendanten Uwe Eric Laufenfelds (12/2009), `Ärgernis des Jahres´
Pforzheimer Theatermodell	203-2015	Dreifachspitze mit Operndirektor (Hämäläinen), Verwaltungsdirektor (Weber) und Schauspieldirektor (Meyer), heute wieder Doppelspitze

2. Kritikerumfrage Opernwelt: Oper des Jahres

Spielzeit	Opernhaus	Chor
1992/93	Leipzig	
1993/94	Stuttgart	
1994/95	Zürich	
1995/96	Frankfurt	
1996/97	Hamburg	
1997/98	Stuttgart	
1998/99	Stuttgart	Stuttgart
1999/2000	Stuttgart	Stuttgart
2000/2001	Graz	Stuttgart
2001/2002	Stuttgart	Stuttgart
2002/2003	Frankfurt	Stuttgart
2003/2004	Deutsche Stadttheater (Wo?)	Hannover
2004/2005	Hamburg	Stuttgart
2005/2006	Stuttgart	Stuttgart
2006/2007	Bremen, Komische Oper Berlin	Komische Oper
2007/2008	Essen (Aalto)	Deutsche Oper
2008/2009	Basel	Deutsche Oper
2009/2010	Basel	Deutsche Oper
2010/2011	Brüssel (La Monnaie)	Stuttgart
2011/2012	Köln	Stuttgart
2012/2013	Komische Oper Berlin	Basel
2013/2014	Bayr. Staatsoper München	Mannheim
2014/2015	Mannheim, Frankfurt	Komische Oper
2015/2016	Stuttgart	Amsterdam
2016/2017	Lyon	Stuttgart
2017/2018	Frankfurt	Stuttgart

3. Deutscher Kulturrat - Rote Liste Kultur

Zeitpunkt	Theater/Opernhaus
Jan/Feb 2013	Theater Hagen
Jul/Aug 2013	Theater Trier
Nov/Dez 2013	Anhaltisches Theater Dessau
März/Apr 2014	Schleswig-Holsteinisches Landestheater (Flensburg)

4. Bedeutende Theaterarchitekten

Architekt/Büro	Theater
Giuseppe Galli Bibiena	Markgräfliches Theater Bayreuth
Fellner&Hellmer	Gießen Wiesbaden Berlin, Komische Oper (Außenbau, zerstört) Augsburg (Teile erhalten) Ravensburg, Konzerthaus Fürth, Stadttheater Hoftheater Darmstadt (zerstört)
Heinrich Seeling (1852-1932)	Hoftheater Gera Opernhaus Nürnberg Deutsche Oper Berlin (zerstört) Schauspielhaus Frankfurt am Main (zerstört) Stadttheater Rostock (zerstört) Stadttheater Aachen (Umbau) Stadttheater Freiburg
Werner Ruhnau (1922-2015)	Musiktheater im Revier, Gelsenkirchen

5. Inschriften an Gebäuden

Theater	Inschrift
Aachen, Theater	Musagetae Heliconiadumque Choro
Berlin, Staatsoper	Fridericus Rex Appolini musis
Landestheater Flensburg, Fassadentafel	Mit allen seinen Tiefen seinen Höhen Roll ich das Leben ab vor deinem Blick
Duisburg Theater, Frontgiebel	Wenn du das grosse Spiel der Welt gesehen So kehrst du reicher in dich selbst zurück.*
Lübeck Theater, Fassade	Dem Wahren, Guten, Schoenen.
Frankfurt, Altes Opernhaus	Dem Wahren, Schoenen, Guten.
Freiberg, Theater, Fassade	Die Kunst gehört dem Volke
Hildesheim Fassade, über den Säulen	DER MENSCHHEIT WUERDE IST IN EURE HAND GEGEBEN
Neustrelitz, Fassade über den Säulen	BEWAHRET SIE SIE SINKT MIT EUCH MIT EUCH WIRD SIE SICH HEBEN**
Wiesbaden, Staatstheater (verkürzt)	
Gera, Fassade	MUSIS SACRUM
Gießen	Aus den Kräften schön vereintem Streben erhebt sich wirkend erst das wahre Leben*
Hannover, Fassade	Ernestus Augustus Rex Condidit Arte et Musis MDCCCXXXXV
Halle, Fassade	Den Darstellenden Künsten
Magdeburg, Fassade	FREUDIG TRETE HEREIN UND FROH ENTFERNE DICH WIEDER§
München, Bay. Nationaltheater	APOLLINI MUSIQUE REDITUM MCMLXIII
Regensburg	Musis Faventibus
Koblenz	*Musis Moribus Et Publicae Laetitiae Erectum MDCCLXXXVII"*
Meiningen	Georg II dem Volke zur Freude und Erhebung

Friedrich Schiller, Huldigung der Künste
** *Friedrich Schiller*
§ *Goethes Übersetzung eines Spruches über dem Portal eines Hauses in Dornburg, in welchem Goethe wohnte*

Inschriften im Bodenbereich

Theater	Weitere Inschriften/Zitate
Hof, überdachter Weg zum Theater	Genau aber genommen, so ist nichts theatralisch als was für die Augen zugleich symbolisch ist, eine wichtige Handlung, die auf eine noch wichtigere hindeutet.

Goethe, Kunsttheoretische Schriften und Übersetzungen. Shakespeare als Theaterdichter.

7. Portraits auf Gemälden und Photographien

Theater	Gemälde/Photographie
Gera, Foyer, Photographien	Heinrich Seeling (Architekt) Erbprinz Heinrich XXVII (Bauherr)
Wiesbaden, Deckenmedaillons	Shakespeare, Goethe, Schiller, Lessing, Molière, Wagner, Beethoven, Mozart, Weber, Gluck
Görlitz Deckengemälde im Zuschauersaal	Goethe, Schiller, Lessing, Shakespeare, R. Benedix, Mozart, Weber, Beethoven, Meyerbeer, Gluck

8. Büsten und Statuen in und an Gebäuden

Theater	Büste, Statue
Braunschweig	Richard Wagner (Foyer)
Chemnitz	August Wilhelm Mejo (Musikdirektor)
Leipzig, Promenadenring hinter dem Opernhaus	Richard Wagner,
Leipzig, Foyer des Opernhauses	Mozart, Weber, Wagner, Beethoven (von Walter Arnold)
Frankfurt, Altes Opernhaus	Statuen: Goethe, Mozart, Portraitmedaillons: Schiller, Goethe, Beethoven, Lessing, Gluck, Meyerbeer, Wagner, Grillparzer, Kleist, Shakespeare, Cherubini, Spontini, Liszt, Aischylos, Sophokles, Euripides, Lope de Vega, Calderon, Auber, Boieldieu, Mehul, Corneille, Molière, Racine
Dresden, Fassade	Sophokles, Euripides, Goethe, Schiller, Molière, Shakespeare
Dresden, Theaterplatz	Carl Maria von Weber
Hannover, Balkon	Sophokles (Griechenland), Terenz (Rom) als Repräsentanten des klassischen Altertums, Goldoni (Italien), Molière (Frankreich), Shakespeare (England), Calderon (Spanien), Lessing, Goethe, Schiller (Deutschland), Dichter der Kulturvölker der Gegenwart, Beethoven, Mozart, Weber als Opernkomponisten.
Gera	Fassade: Goethe, Schiller
Hannover, Laves-Foyer	Laves
Meiningen, Foyer	Büsten: Georg II, Goethe, Schiller, Mozart, Bach, Lessing, Kleist, Brahms, Beethoven
Neustrelitz, Vorplatz	Friedrich Wolf (Schriftsteller)
Nürnberg, Opernhausplatz	Richard Wagner
Radebeul	Bertolt Brecht (Foyer)
Weimar	Goethe und Schiller
Wiesbaden	Friedrich Schiller

Literatur

Andreas Eisner (Redaktion)
Liebeserklärungen an das Theater Nordhausen 1917-2017 (Festschrift)
Nordhausen 2017

Carsten Jung
Historische Theater
in Deutschland, Österreich und der Schweiz
Berlin 2010

Dirk Löschner und Harald Müller
Theaterjubiläen in Vorpommern.
100 Jahre Greifswald,
100 Jahre Stralsund,
200 Jahre Putbus
Berlin 2015

Arnold Werner-Jensen
Oper intern
Berufsalltag vor und hinter den Kulissen
Mainz 2010

Sibylle Peine
Kreuz und quer durch Karlsruhe
Tübingen 2018

Guillaume de Laubier, Antoine Pecqueur
Die schönsten Opernhäuser der Welt
Paris, München 2013

Alan Riding, Leslie Dunton-Downer
Opera
Eyewitness Companions

London 2006

Matthias Rickling
Stadtlexikon- (Fast) alles über Wuppertal
Herkules Verlag, Kassel 2008

Rainer Schmitz, Benno Ure
Wie Mozart in die Kugel kam
Kurioses und Überraschendes aus der Welt der klassischen Musik
München 2016

Anja Spangenberg
Kleines Darmstadt-ABC
Husum Verlag, 2009

Deutscher Bühnenverein
Theaterstatistik 2016/17
Köln 2018

Friederike C. Radere, Rolf Wehmeier
Das muss wie Zoo klingen
Musiker Anekdoten
Stuttgart 2008

Webseiten

Büro Fellner& Helmer
https://de.wikipedia.org/wiki/B%C3%BCro_Fellner_%26_Helmer

Kulturrat
Rote Liste Kultur
https://www.kulturrat.de/thema/rote-liste-kultur/

Theaterarchitektur
https://www.theatre-architecture.eu/de/

Operabase
Statistiken zu Opernaufführungen
https://www.operabase.com

Opera Guide
http://www.opera-guide.ch

Opernwelt (Zeitschrift)
http://www.opernwelt.de/

Operone
http://operone.de/

Perspectiv
Gesellschaft der historischen Theater Europas
https://www.perspectiv-online.org/

Deutscher Musikrat Deutsches Musikinformationszentrum
www.miz.org

Weitere Bücher von Richard Deiss

(siehe auch www.bod.de)

Der Nabel des Mondes und die Träne im Indischen Ozean
333 Länderbeinamen und wie es zu ihnen kam
Books on Demand, Norderstedt 2019

Von der Blauen Banane zum Rhabarberdreieck
222 Regionsbeinamen und was dahintersteckt
Books on Demand, Norderstedt 2010

Elbflorenz und Sprayathen
555 Städtebeinamen und Stadtklischees von Blechbudenhausen bis Schlicktown
Books on Demand, Norderstedt 2019

Hibbdebach bis Dribbdebach
222 Stadtteilbeinamen und was dahintersteckt
Books on Demand, Norderstedt 2019

Silberling und Bügeleisen
1000 Spitznamen in Transport und Verkehr und was dahintersteckt
Books on Demand, Norderstedt 2019

Schicksalsberg und Fuselfelsen
777 Beinamen von Bergen, Inseln, Seen und Flüssen
Books on Demand, Norderstedt 2019